세 상에 대하여
우리가
더잘 알아야 할
교양

63

지은이 소개

지은이 **김성호**

금융 기관에서 파생 상품 딜러로 근무하다 책을 쓰는 일이 적성에 맞다고 생각해 10년 동안 아동과 청소년을 대상으로 한 책을 쓰고 있습니다. 저서로는 《검은 눈물, 석유》《두 얼굴의 에너지, 원자력》《짜릿하고도 씁쓸한 올림픽 이야기》《도스토예프스키 아저씨네 게스트하우스》《세상에 대하여 우리가 더 잘 알아야 할 교양 : 소년법, 폐지해야 할까?》 등이 있습니다.

세 상에 대하여
우리가
더 잘 알아야 할
교양

김성호 지음

63

통일 비용
부담일까, 투자일까?

내인생의책

차례

※ 본문의 **굵은 글씨**로 표시된 단어는 93페이지 용어 설명에서 찾아보세요.

들어가며

2018년 4월 27일 오전 9시 30분, 김정은 국무위원장이 판문점에 모습을 드러냈습니다. 그는 **군사 분계선**을 넘어 최초로 남한 영토에 들어온 북한 최고 권력자였습니다. 이 역사적인 순간이 실시간으로 전 세계에 생중계되었습니다. 그리고 문재인 대통령과 김정은 위원장은 손을 맞잡고 군사 분계선을 넘나드는 평화의 퍼포먼스를 선보였습니다. 남북이 화해하면 마치 두 사람처럼 군사 분계선을 자유롭게, 평화롭게 오갈 수 있다는 듯이. 그리고 오후 6시, 세계가 주목하는 가운데 문재인 대통령과 김정은 위원장, 두 정상은 판문점 선언문을 발표했습니다. 양국이 그동안의 대립을 중단하고 한반도에 평화를 정착시키겠다는 것이 선언의 핵심이었습니다.

세계는 판문점 선언에 찬사와 지지를 보냈습니다. 미국 대통령 트럼프는 "한국에서의 전쟁이 끝날 것이다. 미국은 한국에서 일어난 상황을 자랑스러워해야 한다."라고 말했습니다. 가장 놀란 것은 분단의 당사자인 남한 사람들이었습니다. 믿어지지 않을 정도였습니다. 북한은 지난 11년간 6번의 핵실험을 강행한 나라입니다. 서해 5도에서 실시한 우리 해병대의 사격 훈련에 반발하여 작년에는 서울을 불바다로 만들어버리겠다며 위협도 했습니다. 그런 북한이 평화와 번영을 언급하며 그 뒤 '2018 남북정상회담 평양'에서는 비핵화를 하겠다고 선언했으니 어안이 벙벙해지는 것도 무리는 아니었습니다. 한편으로는 오랜만에 찾아온 화해 분위기에 설레기도 했습니다.

판문점 선언 이후 2차례 더 남북 정상회담이 이루어졌고, 통일에 관한 기대감이 그 어느 때보다 높아졌습니다. 그것은 먼저 돈의 흐름으로 나타났습니다. 휴전선 접경지대인 경기도와 강원도의 땅값이 2배로 상승했습니다. 통일이 이루어지면 휴전선이 걷히고 그곳이 본격적으로 개발될 거라는 기대 때문이었습니다. 철도와 주택, 도로, 가스관, 토목 회사들의 주가도 큰 폭으로 올랐습니다. 이들은 하나같이 **인프라**와 관련된 업종입니다. 한반도에 평화가 정착되면 북한과의 경제 협력이 활성화될 것이고, 남한보다 인프라가 절대적으로 부족한 북한에 이런 투자가 확대될 거라는 기대 심리였습니다. 방송에서는 통일을 다루는 토론과 강의가 시작되었고 서점 신간 코너에는 북한 관련 서적들이 가장 잘 보이는 곳에 진열되었으며 판매량도 급증했습니다. 비현실적으로 보였던 통일이 갑자기 손에 잡힐 듯 가까워진 분위기로 한반도는 후끈 달아올랐습니다.

남북한의 평화는 양국의 오랜 염원이었습니다. 하지만 혹자는 이 꿈이 악몽이 될 수 있다고 경고합니다. 우리는 이 숙원을 어떻게 실현해 나가야 하는지, 이 꿈이 악몽으로 변하지 않으려면 어떻게 준비해 나갈지를 이 책에서 알아보고자 합니다. 그리고 통일이나 남북 공동 번영은 워낙 많은 변수가 존재하므로 이 책이 말한 예측과 경고가 부질없거나 헛될 수도 있습니다. 하지만 최대한 객관적이고 이성적인 분석을 유지하고자 합니다.

북한의 경제적 실패

"피가 마르는구나!"

2005년, 마카오 은행이 북한 계좌를 동결했을 때 북한 고위관료가 무심코 내뱉은 말입니다. 당시 계좌에는 2,500만 달러가 넘는 거액이 들어 있었지만, 계좌 동결로 북한은 단 1달러도 찾을 수 없었습니다. 마카오 은행을 압박해 북한 계좌를 동결시킨 배후는 미국이었습니다. 미국은 여기서 그치지 않았습니다. 북한과 거래하는 국가와 은행에 앞으로도 본때를 보여주겠다며 세컨더리 보이콧(secondary sanctions, 제삼자 제재)으로 으르렁댔고 세계 금융 기관들은 몸을 엎드렸습니다. 미국의 눈 밖에 나지 않기 위해 그들은 북한과의 금융 거래를 중단했습니다.

북한은 한국 전쟁 당시 미국이 감행했던 공격에 대한 상흔도 깊지만, 그이후 한반도에 배치되었던 핵무기에 대한 공포도 깊습니다. 이에 북한은 핵무기를 개발함으로써 안보를 도모하는 한편 국제 사회의 지원도 기대하고 있습니다. 하지만 핵실험을 강행한 대가로 북한은 국제적으로 십자포화를 맞고 있습니다. 국제 연합(UN)은 석유와 석탄, 항공 연료의 수출을 제한하고, 북한 해외 파견 노동자의 고용을 금지했습니다. 북한으로 드나드는 화물선의 숫자도 제한했습니다. 지속적인 국제 사회의 압박을 견디는 것은 어떤 국가라도 쉽지 않은 일입니다. 내부 경제 상황이 궁핍한 북한으로서는 더욱 산 넘어 산입니다.

경제에서 남한이 북한을 웃돈다는 건 더는 북한 지도부만의 비밀이 아닙니다. 북한 주민들 대부분은 남한이 더 잘 산다는 것을 알고 있다고 탈북자들은 증언합니다. 북한은 절박합니다. 김정은 정권을 유지하기 위해서라도 경제 성장을 이루어 내야 합니다. 그러려면 국제 사회가 단단히 걸어놓은 빗장부터 풀어야 합니다. 이것이 북한이 핵무기를 개발한 이유 가운데 하나입니다. 국제 사회는 북한이 핵무기 개발을 중단하면 대북 제재를 풀겠다고 하고, 북한은 대북 제재를 풀면 핵무기 개발을 중지하겠다고 합니다. 전례 없이 북한의 최고 권력자가 남한에 와서 선언문에 서명한 것도 그들의 민생고가 더는 좌시할 수 없는 절박한 상황임을 보여주는 증거입니다.

통일의 방향

판문점 선언이나 평양공동선언이 발표되었다고 해서 당장 통일이 되는 것은 아닙니다. 종전 선언도 하고 평화 협정도 체결해야 합니다. 북한은 세계, 특히 미국과의 빅딜을 시도하고 있습니다. 그들은 비핵화를 하는 조건으로

▌ 공동경비구역으로 지정된 판문점.

체제 보장과 경제 제재의 해제를 원하고 있습니다. 하나의 국가, 하나의 체제로서의 통일까지는 좀 더 시간이 필요합니다. 그리고 우리가 흔히 말하는 통일이 하나의 국가, 하나의 체제인지에 관해서도 남북 혹은 남한 사람들의 합의가 필요합니다. 혹자는 시간이 얼마가 걸리더라도 통일은 민족의 숙명이므로 포기해서는 안 된다고 말합니다. 한편 공동 번영을 말하는 사람도 있습니다. 체제가 달라도 한반도에 평화가 정착되면 남북한 주민이 자유롭게 여행할 수 있고, 인적·물적 교류도 활발해질 테니 그 정도면 통일이나 다름없으므로 그것으로 충분하다고 생각하죠. 평화 통일에 더 부정적인 견해도 있습니다. 여전히 남한 중심의 흡수 통일을 원하는 사람도 존재합니다.

공산주의와 **자본주의**, **사회주의**와 자유 민주주의 체제, 남북은 서로 다른 이념과 체제에서 70년이 넘는 시간을 보냈습니다. 서로 달라진 만큼을 원만하게 아우를 수 있는 통일은 어떤 방향이어야 할까요?

통일의 명분과 실리

2018년 여름, 여론 조사 기관이 20대와 30대를 상대로 설문 조사를 했습니다. 조사 결과 연령대가 낮을수록 통일에 관한 공감대가 낮게 나타났습니다. 특히 대학생이 주축인 20대에서는 통일에 공감한다는 응답이 열 명 중 세 명에 불과했습니다. 이 같은 통계에 사람들은 말합니다. 취업과 경쟁에 쫓기듯 살아가는 젊은이들에게는 통일보다는 현실적인 문제가 더 절실할 수도 있다고요. 우리는 한민족이라서 민족 동일성을 회복해야 한다는 거창한 명분은 그들에게는 추상적으로, 머나먼 이야기로 들릴 수도 있습니다.

하지만 통일도 실용적인 관점에서 생각해 볼 필요가 있습니다. 명분도 좋지만, 실리가 뒤따르지 않는다면 통일에 회의적인 사람들을 설득하기는 더 어려울 것입니다. 그렇다면 통일은 명분과 실익을 동시에 잡을 수 있는 두 마리 토끼일까요? 혹자는 남북한이 하기 나름이라고 합니다. 통일은 그만한 가치가 있다고 그들은 주장합니다. 하지만 어떤 이들은 명분은 좋지만 남북이 다 가난해질 수 있다고, 이득이 없다고 잘라 말합니다.

1장 북한 경제의 추이

북한

철도의 30%는 일제 강점기 시절에 부설되어 낡을 대로 낡은 것입니다. 현재 북한 기차는 최대 속력이 40~50km/h에 불과합니다. 2018년 4월 남한을 방문한 김정은 위원장에게 문재인 대통령이 북한을 방문하고 싶다고 말하자, 김정은은 "우리의 도로 사정이 좋지 않아 민망하다."라고 곤혹스러워했습니다. 그러면서 남한의 도로 시설, 특히

▌ 평창 고속 전철.

평창 고속 전철을 부러워했습니다.

일제가 북한에 남긴 경제적 이점과 황무지 남한

1945년 해방이 되었을 무렵 한반도의 경제 인프라는 38선 북쪽, 북한에 편중되어 있었습니다. 기초 에너지원인 석탄 등의 광물 매장량이 남쪽보다 월등했지만, 사실 그보다는 일제 강점기 조선 총독부의 남농북공 정책에 더 기인합니다. 1918년 일본 미쓰비시 제철이 황해도 송림면에 겸이포 제철소를 건설하였고, 1930년대에는 아시아 최대의 화학 비료 공장인 흥남 비료 공장을 세웁니다. 또한, 일제는 압록강에 여러 수력 발전소를 건설해서 한반도에 전력을 공급했는데, 전체 전력량의 92%를 담당했습니다.

남한에는 소규모 수력 발전소와 낡은 화력 발전소 몇 개가 고작이었습니다. 분단되면서 남한은 만성적인 전력난과 비료 및 철강 부족에 시달렸습니다. 그 결과 남한 경제는 1970년대 초반까지 북한에 뒤처졌습니다. 북한의 1인당 GDP는 1975년까지 남한보다 높았습니다. 컬러 TV 방송도 남한은 1980년에 송출하였지만, 북한은 1974년에 처음으로 시행하였습니다.

위기감을 느낀 남한은 빠른 공업화와 경제 성장을 추구했습니다. 북한보다 더 많이 생산하고 더 많이 팔기 위해 정부는 기업들에 아낌없는 지원과 특혜를 부여했습니다. 그 결과 대량 생산과 대량 고용에 용이한 대기업이 하나둘 생겨났습니다.

대기업을 밀어주는 정책은 결실을 보았습니다. 1970년대를 기점으로 남한은 경제력에서 북한을 추월했고 시간이 흐를수록 격차는 벌어져 현재 남한의 경제력은 북한의 40배가 넘었습니다. 부작용도 있었습니다. 대기업 편중으로 중소기업의 자생력은 허약해졌고, 대기업과 정치권력이 결탁하는 **정경유착**이 만연해 공정함과 정의라는 가치가 훼손되었습니다.

북한의 전후 복구 사업과 낙관

북한의 경제 인프라는 사실 한국 전쟁을 거치면서 상당 부분 초토화되었습니다. 황해도 송림 지역에 있던 겸이포 제철소가 흔적도 없이 사라질 정도였습니다. 하지만 산업 기반이 남북한 모두 무너졌을지라도 지하자원 매장량에서 북한은 남한을 압도했습니다. 그리고 당시 소련, 중국, 동독, 체코 등등 여러 사회주의 국가들의 전폭적인 지원으로 도약의 발판을 마련하게 됩니다. 특히 흥남 비료 공장의 경우에는 한국 전쟁 전보다 더 큰 규모로 재건되었습니다. 게다가 북한은 국방비를 줄이면서까지 제철소, 조선소, 화학 공장 등 중공업 위주의 산업에 투자하였습니다. 이 경제 발전은 매우 성공적이었고, 이때는 "한국의 기적"이 남한의 경제 발전 결과를 뜻하는 말이 아니라 북한의 경제 발전 성공을 뜻하는 말이었습니다. 오히려 남한은 미국의 원조에 의존하는 가난한 농업 국가였습니다.

1960년대에 들어서면 북한은 소련의 선진 기술과 중국의 원자재를 도입하는 식으로, 사회주의 맹주를 두고 경쟁 중인 양국으로부터 경제적 실리를 취하는 정책을 구사합니다. 중화학 공업 기반을 바탕으로 성장의 외연을 경공업으로까지 넓히기도 했습니다. 1970년대 초반에 추진한 농업 기계화도 성과를 거둠으로써 농업 생산량이 안정적으로 확보되어, 이 무렵 북한은 사회주의의 지상 낙원의 건설을 낙관했습니다.

쇠퇴의 징후

하지만 이러한 발전 이면에는 쇠퇴의 징후도 누적되고 있었습니다. 국가 경제의 한 부문으로 다루어야 할 군수 산업을 국가 경제와 분리한 것입니다. 김일성 위원장은 국방을 최우선으로 중시하는 우를 범했습니다. 국가 경제에 투입되어야 할 북한의 많은 자원이 군수 산업으로 전용되었습니다.

국가 존립을 위협하는 최대 요인으로 미국을 상정한 것도 북한 경제를 나락으로 떨어뜨린 결정적 패착이기도 합니다. 사실 미국은 세계 최강대국으로서 북한을 선결 과제로 판단한다면 진작 북한을 공격해 붕괴시킬 능력을 갖췄습니다. 이라크의 후세인 정권을 무너뜨린 선례도 있습니다. 하지만 지금껏 미국이 이를 결행하지는 않았습니다. 미국의 오바마 정부는 전략적 인내를 대북 정책으로 공표하기도 했습니다. 그런데도 북한은 미국의 위협을

▌북한에 대해 전략적으로 인내했던 미국 제44대 대통령 버락 오바마.

실제 이상으로 부풀린 혐의가 있는 것입니다. 여기에는 한국 전쟁 당시의 적화 통일을 좌절시킨 미국에 대한 악감정도 더해졌습니다. 이처럼 미국의 위협을 과장하는 기조는 북한 인민들의 국론을 통일시키고 북한 정권을 유지하는 데에 이바지했을지는 몰라도, 북한 경제의 자멸을 초래했습니다.

고난의 행군, 그리고 회복

1970년대에도 경공업에서만큼은 북한이 남한보다 열세였습니다. 게다가 소련이 산업적 주도권을 이유로 북한 경공업 지원에는 인색했기 때문에, 북한의 경공업을 비롯한 소비재 산업과 사회 인프라가 상대적으로 낙후했습니다. 더욱이 1980년대에는 북한 경제를 떠받치던 사회주의의 종주국인 소련도 계획 경제의 한계에 따라 경제적 활력이 떨어지고, 중국도 개혁 개방의 길

▌ 김정일 위원장은 경제보다는 군과 당에 집중했다.

에 들어서게 되어 사실상 사회주의권의 지원이 없어졌습니다.

그리고 1991년 소련이 붕괴했습니다. 그 여파로 동유럽의 사회주의 국가들이 격변에 직면하면서 북한은 거대한 대외 시장까지 상실했습니다. 외화 획득이 어려워지면서 북한의 경제난은 심화하였습니다. 1990년부터 1998년까지 9년간 북한의 경제 성장률은 연평균 −3.8%를 기록했습니다. 특히 1995년에는 크나큰 자연재해와 국제 고립으로 북한 주민들 상당수가 굶어 죽은 일이 발생했는데, 이를 고난의 행군 시대라 부릅니다. 어떤 나라의 어떤 정권도 국민의 의식주를 해결하지 못하면 버틸 수 없습니다. 하지만 권력을 물려받은 김정일은 김일성 사후의 혼란을 잠재우고 북한 정권을 확립하기 위해

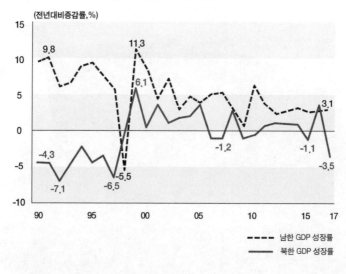

남한과 북한의 경제 성장률 비교

┃ 남북한의 경제 성장률. (출처 : 한국은행)

▌ 2018년 1차 남북 정상 회담. (2018.4.27.) ⓒ연합뉴스

서 김일성 신격화나 우상화 등에 국가 권력을 집중했습니다. 김정일은 민간 경제와 군·당 경제 분리를 계속 유지했습니다. 이는 북한 경제를 재차 수렁으로 밀어 넣는 처사였습니다.

김정은 집권 이후 북한 경제는 회복의 조짐을 보입니다. 사실상 시장 경제 체제를 인정하고, 장마당을 제도권으로 도입했습니다. 북한이 보유한 자원과 노동력을 싼값으로 해외에 넘겨서라도 북한에서 필요로 하는 곡물이나 경공업품을 들여오는 정책을 취했습니다. 평양뿐만 아니라 주요 대도시를 중심으로 지방 개발에도 신경을 쓰고, 특히 흥남 비료 공장을 확장해서 비료 생산량을 늘리고 있습니다. 그리고 핵·경제 병진 정책을 표방했습니다. 이는 핵으로 상징되는 군수 산업보다 뒷순위였던 경제를 더는 내버려 두지 않겠다는 의미입니다. 하지만 현재까지 김정은 정권의 경제 회복 성과는 고난의 행군 이전 수준에 겨우 도달했을 따름입니다. 2016년에는 경제 성장률이 3.9%로 훌쩍 뛰어오르는가 싶더니 1년 만에 -3.5%로 추락했습니다. 국제 사회의 대북 제재가 그 원인이었습니다. 그래서 김정은 정권은 남북 정상 회담이나 북미 정상 회담에 적극적입니다.

북한 자원을 독점한 중국

지하자원이 풍부한 나라답게 북한 주력 산업은 광공업입니다. 광공업이 북한 국내 총생산에서 차지하는 비중은 45%가 넘고, 광물 수출이 북한 전체 수출의 절반을 차지합니다. 국제 사회가 대북 제재로 북한의 주력 수출품인 광물 수입을 금지하면 당연히 북한 경제는 치명타를 입을 수밖에 없습니다. 고립된 북한은 하릴없이 중국 의존도를 높일 수밖에 없습니다. 북한의 대중국 수출의 70% 이상은 지하자원이고, 북한은 국제 시세보다 저렴한 헐값으로 중국에 자원을 넘기고 있습니다. 채굴 기술과 자본이 부족한 북한으로서는 중국이 설비를 투자해 직접 채굴하는 것을 넋 놓고 지켜볼 수밖에 없습니다. 현재 중국은 북한 지하자원의 70%를 독점하고 있습니다.

더 안타까운 것은, 북한으로부터 싼값에 자원을 획득한 중국이 여기에 웃돈을 얹어 남한에 팔고 있다는 사실입니다. 그나마 운송비가 남미나 호주산보다 저렴하여 남한이 수입할 수 있는 가격을 형성하고 있는 것입니다. 지척에 있는 북한 자원을 우리는 분단이라는 현실에 막혀 중국에서 구매하고 있는 웃지 못할 상황인 거죠.

지하자원뿐만이 아닙니다. 북한은 서해와 동해의 어업권과 조업권도 중국에 팔았습니다. 중국의 대규모 어선이 서해와 동해에 진출하면서 어족 자원이 고갈되어 남한의 어업도 큰 어려움을 겪고 있습니다.

한때는 북한과 남한이 공동으로 북한의 지하자원을 개발하려는 시도도 있었습니다. 2003년에는 북한산 흑연 500톤이 처음으로 남한 국내에 들어오기도 했지만, 북한과의 **광물 자원** 경제 협력 사업은 2010년 이후로 중단된 상태입니다.

변화를 시도하는 북한

북한은 세계 최빈국 중의 하나로 인식되고 있습니다. 그러나 최근 탈북한 사람들의 증언과 북한 경제에 관련된 통계 수치로 판단할 때, 북한 내부에서 변화가 일어나는 것으로 확인되고 있습니다.

▌ 대동강에서 본 평양 야경. 오른쪽에 불길 모양의 장식을 갖춘 주체사상탑이 눈에 들어온다.

1990년대 중반, 고난의 행군 시대에는 식량 부족으로 아사자가 속출했습니다. 2008년 북한에 파견된 UN 조사단에 의하면 이 시기 아사자는 3, 40만여 명으로 추정됩니다. 쌀이 부족해 배급량을 600g에서 350g으로 줄였고 옥수수가 주식이 되었습니다. 하지만 현재 북한의 식량 생산량은 늘어나 식량 사정도 좋아졌고 주식도 쌀로 바뀌고 있습니다. 한때는 전력난으로 평양을 제외한 북한 전역이 심야에는 암흑이었지만, 최근에는 발전소 설비를 늘리면서 전력 사정이 호전되고 있는 것도 사실입니다. 또 시장 자본주의 요소를 일부 도입해 잉여 생산물에 대한 개인 소유를 허락함으로써 생산력 향상을 꾀하고 있습니다.

그러나 그것만으로는 한계가 있습니다. 지금처럼 국제 사회의 제재가 계

▌ 2018년 북미 정상 회담. (2018.6.12.) ⓒ연합뉴스

속된다면 수출과 금융 거래가 차단된 북한은 경제난에 재차 직면할 것입니다. 경제 회복에 주력하여 위처럼 성과를 내왔던 김정은 정권일지라도, 경제난이 지금처럼 지속된다면 북한 인민들의 여론 악화를 감당하기 어려워집니다. 언제까지고 중국에만 기댈 수도 없는 노릇입니다. 먹고 사는 문제를 해결해 주지 못한 정권은 인류 역사를 통틀어 늘 도전과 공격의 대상이었습니다. 경제 위기는 곧 김정은 체제의 위기입니다. 김정은 위원장이 남한을 방문하고 국제 사회에 화해의 몸짓을 취하는 것도 경제 위기에서 해법을 찾고자 함이 큽니다.

현재 김정은 정권은 북한 경제 문제로 북미 정상 회담이나 남북 정상 회담에 나서고 있지만, 북한 정권 존립에 해가 된다면 언제든 다른 태도를 보일 수도 있습니다. 그리고 통일에 대해서도 마찬가지라고 보아야 합니다. 자신들의 이익에 반하면 반통일적인 모습을 보일 수 있으므로, 우리는 이를 고려하여 북한과의 협상에 임해야 할 것입니다.

간추려 보기

- 광복 직후 북한의 경제는 남한을 웃돌았으나 1970년대를 기점으로 남한에 추월당했다.
- 경제보다 국방을 중시한 북한은 1990년대에 고난의 행군 시대를 겪었다.
- 경제 상황을 개선하기 위해서 최근 북한은 남북 교류나 평화에 적극적으로 접근하고 있다.

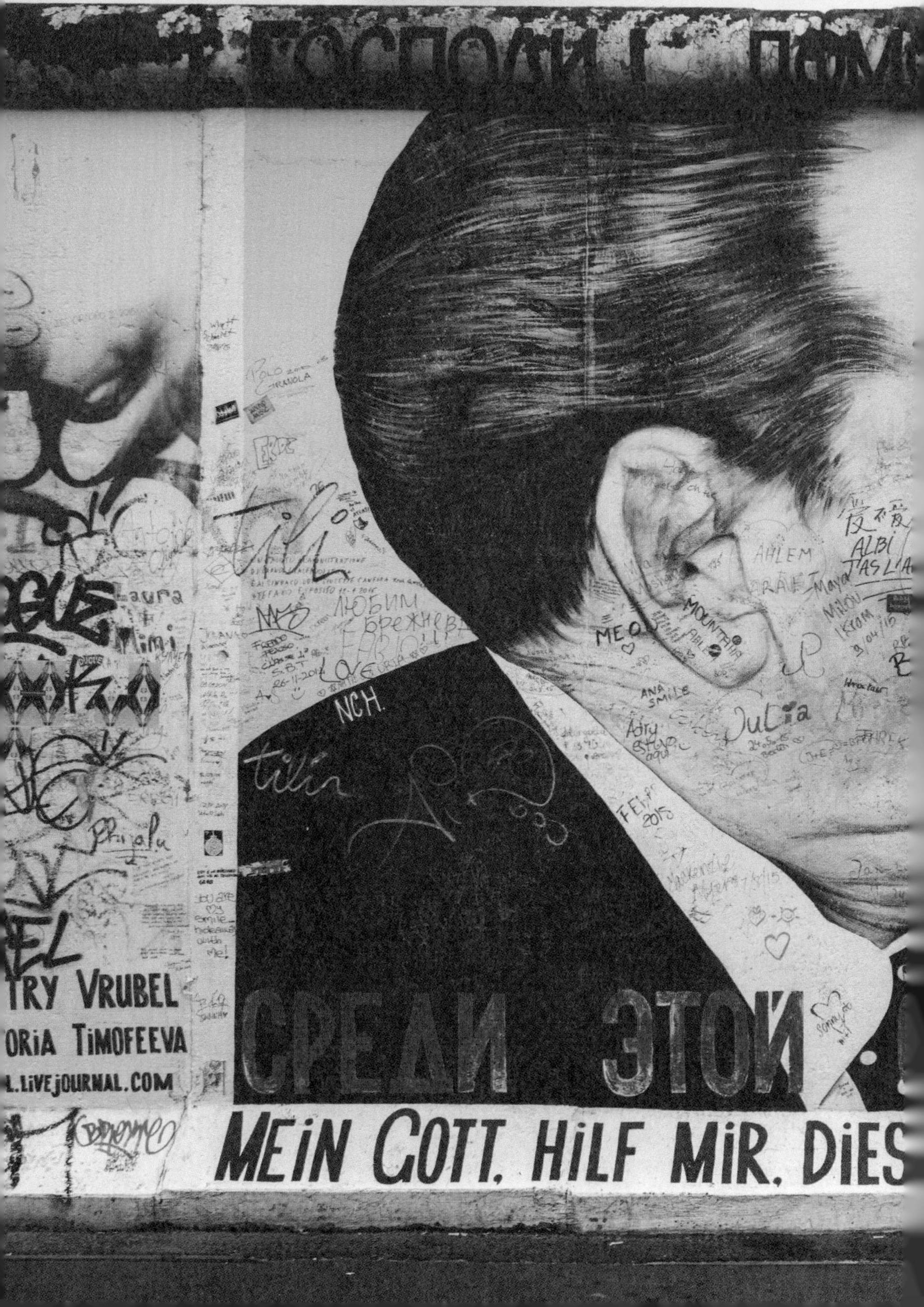
ГОСПОДИ ! ПОМ
TRY VRUBEL
ORIA TIMOFEEVA
L.LIVEJOURNAL.COM
СРЕДИ ЭТОЙ
MEIN GOTT, HILF MIR, DIES

2장 분단을 극복한 통일 국가

독일의

경우는 서독 주도로 이루어진 흡수 통일입니다. 흡수 통일이란 한 나라의 체제와 행정 제도에 다른 나라가 편입되는 방식으로 이루어지는 통일을 말합니다. 요컨대 주도권을 쥔 것이 서독이라는 뜻입니다.

동·서독 분단

독일은 제1차, 제2차 세계 대전의 중심에 있던 나라입니다. 유대인을 비롯한 수많은 사람이 독일에 의해 희생되었고 유럽은 잿더미가 되었습니다. 독

일은 패했고 그 대가를 치러야 했습니다. 독일과 싸웠던 미국, 영국, 프랑스, 소련은 전쟁 막바지에 포츠담에서 회담했습니다. 여기서 4개국은 전쟁이 끝난 후 독일 영토를 4개로 나눠서 관리하기로 합의했습니다.

❙ 베를린 분할.

독일의 각 지방을 4개국이 나누었으나 관건은 베를린이었습니다. 베를린은 위치상 소련의 관리 지역입니다. 미국과 프랑스, 영국이 여기서 이견을 가졌습니다. 베를린은 독일의 수도로 상징성이 큰 도시이기 때문입니다. 사회주의 국가인 소련을 견제하던 미국과 프랑스, 영국은 소련이 베를린을 독차지하도록 내버려 두지 않았습니다. 결국, 베를린도 4개국이 나누어서 관리하게 되었습니다. 독일 분단의 싹은 여기서부터 시작되었습니다.

베를린 장벽은 국경이 아니다.

소련이 관리하던 독일은 동독, 서방 국가가 관리하던 독일은 서독이 되었습니다. 베를린도 서방 국가가 관리하던 서베를린과 소련이 관리하던 동베를린으로 분할되었습니다. 두 지역을 구분하는 장벽도 세워졌는데 그것이 유명한 베를린 장벽입니다. 한반도로 비유하면, 북한의 영토 안에 남한의 도시 하나가 덩그러니 떨어져 존재하는 셈입니다.

■ 독일의 분단.

1989년 베를린 장벽이 무너졌을 때, 많은 사람은 이 장벽을 동독과 서독의 국경이라고 생각했습니다. 하지만 베를린 장벽은 국경이 아닙니다. 서독 영토인 서베를린과 동독 영토인 동베를린을 구분하는 콘크리트 장벽일 뿐입니다. 동독과 서독의 국경은 따로 있었습니다.

동독을 국가로 인정하지 않은 서독

2000년 김대중 대통령이 북한에 갔을 때, 언론은 '방북'이라고 표현했습니다. 북한을 방문한다는 뜻으로 여기에는 중요한 의미가 담겨 있습니다. 북한에 '입국'했다가 아닌 '방북'이라는 표현을 쓴 이유는 남한은 북한을 국가로 인정하지 않기 때문입니다.

대한민국 영토는 한반도와 그 **부속 도서**로 한다. [헌법 제 3조]

이 조항대로라면 북한은 한반도 북쪽을 불법으로 점령한 단체인 셈입니다. '북한 국민'이 아니라 '북한 주민'이라고 부르는 이유이기도 합니다. 다만 이것은 헌법상으로 그렇다는 것일 뿐, 현실의 국제 사회는 북한을 독립된 국가로 인정합니다. 북한은 국제 연합(UN)에 가입했고, 주권을 행사하고 있으며 올림픽과 월드컵에도 참가하고 있습니다. 북한 역시 남한에 대한 견해가 다르지 않습니다.

서독 정부도 처음에는 동독을 국가로 인정하지 않았습니다. 동독 정부의 수립 절차가 민주적이지 않았다는 것이 그 이유였습니다. 동독을 국가로 인정하는 국가와는 외교도 맺지 않겠다고 선언할 정도였습니다. 이것이 할슈타인 원칙(Hallstein Doktrin)입니다. 당시 동독과 외교를 맺은 국가 중 상당수는 동유럽의 사회주의 국가들이었습니다. 동독을 대하는 서독의 입장은 강경했습니다. 어떤 서독인이 "그래도 같은 민족인데 대화도 하고 교류도 하는 게 좋지 않습니까?"라고 말하면, 그는 "너 빨갱이지?", "그럴 거면 동독으로 꺼져!"라는 조롱을 받기 일쑤였습니다.

손잡은 동독과 서독

1960년대 후반이 되자, 얼음 같았던 미국과 소련의 관계가 부드러워졌습니다. 프랑스어로 데탕트(Détente, 긴장 완화)라 부릅니다. 서독도 그동안 소원했던 동유럽과의 관계 개선에 들어갔습니다. 이를 신동방정책(Neue Ostpolitik)이라고 부릅니다. 동독과도 손을 잡았습니다. 서독은 1972년, 동독과 기본조약(Grundlagenvertrag)을 체결해 동독을 국제법이 아닌 국내법상 하나의 국가로 승인했습니다. 여기에는 그럴 만한 이유가 있었습니다. 동독을 국제법상 국가로 승인한다면 동독을 독립 국가로 인정하는 셈이 되고, 이는 독일을 영구히 분단하는 법적 근거로 작용할 우려가 있기 때문입니다. 언제고 반드시 통일하겠다는 서독의 의지를 엿볼 수 있는 대목입니다.

알아 두기

동·서독 마르크화 교환
당시 서독은 서독 마르크화, 동독은 동독 마르크화를 화폐로 사용했습니다. 화폐가치는 그 나라의 경제력을 반영합니다. 경제력이 앞선 서독 마르크화 가치가 동독 마르크화보다 약 4배 높았습니다. 하지만 서독은 동독과 경제 교류를 할 때 일대일로 화폐를 교환해 주었습니다. 서독인들이 동독에서 온 물건을 4배나 비싸게 사줬다는 의미입니다.

문호가 트이자 서독은 마음씨 좋은 형이 아우를 챙기듯 동독에 아낌없는 호의를 베풀었습니다. 동독이 경제 불황으로 쩔쩔맸을 때는 선뜻 거금의 자본을 빌려주기도 했습니다.

1980년대가 되자 동유럽에서 민주화의 바람이 불기 시작했습니다. 소련 공산당 서기장 고르바초프는 개혁과 개방 노선을 천명했습니다. 동독 내부에서도 변화를 요구하

▌ 소련의 마지막 공산당 서기장 고르바초프.

는 시민들의 목청이 높아졌습니다. 동독인들은 자신들보다 훨씬 자유롭고 넉넉한 삶을 꾸려나가는 서독을 부러워했습니다. 그래서 정부에 변화를 요구했지만, 동독 정부는 침묵했습니다. 많은 동독인이 동독을 탈출하기 시작했고 집회와 시위도 일어났습니다. 민심은 급격히 동독 사회주의 정권으로부터 이탈하고 있었습니다. 완강했던 동독 정부도 더는 버틸 힘이 없었습니다.

베를린 장벽의 붕괴

1989년 11월 9일, 동독 공산당 정치국 대변인 귄터 샤보브스키가 기자회견을 했습니다. 그는 여행 자유화를 실시한다고 발표했습니다. 대단한 선언을 한 것처럼 보이지만 별 내용은 없었습니다. 여행 자유화라고 해서 누구나, 아무 때나, 국가의 허락 없이 동독을 떠나도 좋다는 의미는 아니었습니다. 그저 여권 발급 기간을 단축하고, 출입국 행정을 간소화하는 형식적인 조치였습니다. 이탈리아 기자가 언제부터 시작되느냐고 물었습니다. 귄터 샤보

▌베를린 장벽 붕괴를 기념하는 우표.

브스키는 무심코 대답했습니다.

"지금 당장."

샤보브스키가 별생각 없이 내뱉은 말에 역사가 바뀌었습니다. 텔레비전으로 기자회견을 지켜본 동독인들은 이것을 여행의 완전한 자유라고 여기고 흥분했습니다. 동독인들은 우르르 베를린 장벽으로 몰려갔습니다. 장벽을 지키던 동독 국경수비대는 몰려든 엄청난 군중의 숫자에 화들짝 놀랐습니다. 군인들은 황급히 시민들을 제지했지만, 노도처럼 밀려오는 그들을 막을 엄두가 나지 않았습니다. 누군가 외쳤습니다.

"이 거추장스러운 장벽을 부숴버립시다."

사람들은 망치와 삽을 가져와 장벽에 구멍을 냈습니다. 포클레인도 동원

되었습니다. 동독 군인들 누구도 그들을 막을 엄두를 내지 못했습니다. 소식을 들은 서독인들도 달려와 반대편에서 장벽 부수기에 합세했습니다. 베를린 장벽은 무너졌습니다. 1961년 8월 13일에 세워진 이래 햇수로 28년, 날짜로 10,316일이 걸렸습니다. 5,000명 이상의 동독인들이 탈주했고 130명이 넘는 동독인이 사살당한 베를린 장벽은 붕괴하였고, 동독인과 서독인은 손을 잡았습니다. 1년 후인 1990년 10월 3일, 서독과 동독은 통일에 합의했습니다.

독일 통일이 주는 교훈

통일을 찬성하는 사람이나 반대하는 사람 모두 독일이 근거라고 말합니다. 독일 통일에서 우리가 참고할 좋은 점과 부정적인 면이 동시에 있다는 의미입니다.

▌ 1982년부터 1998년까지 서독과 통일 독일의 총리로서 통일을 주도했던 헬무트 콜.

1989년 베를린 장벽이 무너졌을 때, 독일의 헬무트 콜 총리는 독일 통일 계획인 '10개 항 계획'을 발표했습니다. 그는 독일이 통일되는 데 10년 혹은 15년이 걸릴 거라 예상했습니다. 그런데 약 11개월 만에 통일이 되었고, 이 갑작스러운 통일은 경제와 사회, 문화, 제도에 이르기까지 독일 사회 전반에 큰 파장과 혼란을 일으켰습니다. 통일을 반대하는 사람들은 독일이 한 시행착오를 근거로 들면서 통일은 신중히 해야 한다고 주장합니다.

그러나 신중론만 있는 것은 아닙니다. 독일의 선례로부터 시행착오를 최소화할 방법을 모색하여 남북통일을 적극적으로 개진할 수도 있습니다. 동독인들은 스스로 국민 투표를 통해 자신들의 사회주의 체제를 포기하고 서독의 체제를 받아들였습니다. 사회와 문화, 경제, 제도에서 서독이 자신들보다 월등하다는 것을 동독은 서독과의 교류를 통해서 깨달았던 것입니다. 군비 경쟁이나 무력 충돌에 의해서가 아니었습니다. 서독은 꾸준한 접촉과 교류를 통해 동독인들의 인식 변화를 끌어냈고 피 한 방울 흘리지 않는 평화 통일을 달성했습니다. 통일을 찬성하는 사람은 한국의 통일도 독일식이 될 수 있다고 말합니다.

오스트리아의 중립화 통일

1938년 오스트리아는 독일 제국에 합병되었습니다. 덕분에 2차 대전이 끝난 후 오스트리아도 덩달아 패전국이 되었고 독일이 그랬던 것처럼 미국, 영국, 프랑스, 소련 4개 국가에 의해 4개 구역으로 쪼개져 분할 통치를 받았습니다. 오스트리아의 통일에 가장 큰 걸림돌은 소련이었습니다. 소련은 오스트리아가 문화적으로나 정치적으로 서구 진영에 가깝다는 것을 알고 있었습니다. 하지만 갖은 수단을 동원해 오스트리아를 사회주의 국가로 만들 계획 이었습니다.

오스트리아의 대응은 미국과 소련 중 어느 진영에도 가담하지 않는 것, 즉 **영세 중립국** 선언이었습니다. 1952년 오스트리아는 국제 연합(UN)에 이 문제를 상정했습니다. 국제 연합은 같은 해 12월 오스트리아의 분할 통치를 조속히 끝낼 것과 오스트리아의 주권을 회복시키는 조약을 체결할 것을 촉구하는 결의안을 채택했습니다. 1955년 오스트리아를 분할 통치하던 4개 국가는 '독립적이고 민주적인 오스트리아의 재건을 위한 조약'에 서명했고, 주둔군이 모두 물러나면서 오스트리아는 통일이 되었습니다.

오스트리아가 단시간에 통일을 이룰 수 있었던 요인은 국민적 통합이었습니다. 오스트리아는 분할 통치되기 전부터 일찌감치 칼 레너를 수반으로 하는 임시 정부를 세웠습니다. 임시 정부는 단일 행정 체제를 확립해 오스트리아 전 국민을 통합시켰습니다. 덕분에 이념 차이로 인한 대립과 분열을 막을 수 있었습니다.

통일은 했지만, 여전히 혼란한 예멘

예멘은 20세기 초 남예멘과 북예멘으로 분단되어 있었습니다. 남예멘에는 사회주의 정권, 북예멘에는 자유주의 공화국이 수립되었습니다. 분단된 남북한이 그랬던 것처럼, 남예멘과 북예멘도 처음에는 무력을 통한 통일을 꿈꿨고 예멘에는 긴장감이 감돌았습니다. 상황을 반전시킨 것은 석유였습니다. 예멘에서 석유가 쏟아졌습니다. 특히 국경 지대에 전체 매장량의 절반이 묻혀 있다는 사실이 알려지면서 양국은 무력 대결을 중단했습니다. 싸우는 것보다는 합치는 것이 이익이라고 판단한 예멘은 1990년 통일에 성공했습니다.

　얼마 후 두 집단은 다시 충돌했습니다. 문제의 발단은 권력 배분이었습니다. 북예멘 인구는 남예멘의 4배가 넘습니다. 그런데 장관을 비롯한 권력 요직을 비슷한 비율로 나눠 가지자 북예멘은 공정하지 못하다며 불만을 품었습니다. 결국, 내전이 발발했고 7,000명이 넘는 사상자가 발생한 끝에 북예멘이 승리했습니다.

　내전이 종료된 후에도 국내 정세는 여전히 불안정했습니다. 국민 통합도, 정치 화합도 실패했고 설상가상으로 이슬람 종파 분쟁과 내전까지 다시 일어나 예멘 사회는 재차 분단될지도 모르는 최악의 위기를 겪고 있습니다.

　흥미로운 점은, 한때 남한이 예멘을 통일의 좋은 본보기로 삼았다는 사실입니다. 오늘날 많은 예멘인이 자국을 탈출하여 난민으로 세계를 떠돌고 있습니다. 예멘은 땅을 합치는 데에는 성공했지만, 민심을 통합하는 데는 실패했습니다. 예멘 통일이 우리에게 주는 교훈입니다.

이념이 먼저인가, 경제가 먼저인가?

　독일은 분단을 극복하고 통일된 가장 대표적인 사례이기 때문에, 통일에 관한 연구가 미진한 현실에서 독일 통일 과정을 참고하는 것 자체는 필연적입니다. 하지만 독일의 선례를 절대시한다거나 맹신할 필요까지는 없습니다.

　사회주의와 자본주의 체제가 경쟁하던 시대에서 독일은 통일을 이뤘습니다. 하지만 세상은 변했습니다. 공산주의는 몰락했고 소련, 중국, 베트남은 개혁 개방을 통해서 자본주의를 도입하여 경제 발전을 도모하고 있습니다. 어느 때보다 이념 대결이 희석되고 있는 것입니다. 실제로 위와 같은 나라를

사례탐구 그날 밤, 베를린 장벽

1984년 12월 1일 새벽 3시 10분, 한 젊은이가 베를린 장벽 쪽으로 접근했습니다. 그의 이름은 미하엘, 나이는 스무 살이며 손에는 사다리를 들고 있었습니다. 서베를린까지는 불과 29m 거리. 그 사이에 3.6m 높이의 베를린 장벽이 놓였습니다. 장벽 앞에는 경보장치가 부착된 철조망이 있었습니다. 옷깃만 스쳐도 경보가 울리고 무장한 동독 군인들이 달려와 총을 겨눌 터였습니다.

▌ 베를린 장벽.

볼프강과 홀거는 동독 국경 수비대원이었습니다. 둘은 일찌감치 미하엘의 모습을 감시탑에서 지켜봤습니다. "가능하면 체포하되, 불가피한 경우에는 사살하라." 그것이 국경 수비대의 복무수칙이었습니다. 누구든 불법으로 저 담을 넘는 자는 조국의 반역자이고 사회주의의 적이었습니다. 요란한 경보음이 울렸습니다. 미하엘이 철조망을 건드린 것입니다. 탐조등이 대낮처럼 불을 밝혔고 볼프강과 홀거는 달려갔습니다. 미하엘은 벌써 사다리를 타고 장벽을 오르고 있었습니다.

볼프강은 미하엘에게 멈추라고 소리 질렀습니다. 미하엘은 듣지 않았고 잠시 후 총성이 울렸습니다. 미하엘은 장벽 아래로 떨어져 병원으로 후송되었지만, 출혈 과다로 사망했습니다. 며칠 후 동독 정부는 볼프강과 홀거에게 포상금과 훈장을 수여했습니다.

1992년 두 사람 볼프강과 홀거는 독일연방공화국의 법정에 섰습니다. 그들은 8년 전 밤에 발생한 총격 사건의 살인죄로 기소된 것입니다. 독일연방공화국 법은 사람을 죽이는 것을 중범죄로 규정했습니다. 볼프강과 흘거는 억울했습니다. 총성이 울렸던 때는 통일 전이었고, 자신들은 동독 군인이었으며, 동독 국경법 27조는 불법으로 국경을 넘는 자에게는 총기를 사용해도 된다고 적혀 있었습니다.

이 재판은 독일 사회에서도 논란이 되었습니다. "과거에 적법했던 행동의 위법성을 새로운 국가의 새로운 법으로 소급 재심의할 수 있을까?" 독일 연방대법원은 두 사람에게 유죄를 선고했습니다. 8년 전의 법이 무엇이었든 비무장한 상태의 민간인에게 발포한 것은 본질적으로 정의롭지 못한 행동이며, 그것이 상관이나 국가의 가치관에 위반되고 자신에게 불이익이 된다고 하더라도 개인은 그 정의를 수호할 책임이 있다는 것이 판결 이유였습니다.

법원은 볼프강에게는 1년 6개월, 흘거에게는 9개월의 '살인죄치고는 가벼운' 형량을 선고했습니다. 둘은 집행유예로 풀려났습니다.

2008년 7월, 금강산 관광 중이던 남한 여성이 새벽에 바닷가를 거닐다

북한 초병의 사격으로 사망하는 사건이 발생했습니다. 북한은 그 여성이 경계 지역을 침범했고 물러나라는 경고를 듣지 않았다고 주장했습니다. 남한 정부는 과잉 대응이라며 강력히 반발했지만, 북한은 책임질 것도, 사과할 일도 없다고 항의를 일축했습니다. 통일되면 이

▌ 강원도 고성 통일전망대에서 바라본 금강산.

사건은 어떻게 될까요? 진상을 규명해서 과잉 대응이었다면 발포를 한 군인을 처벌해야 할까요? 남한 정부는 이 사건의 진상이 밝혀지지 않으면 금강산 관광을 재개할 수 없다는 뜻을 밝혔습니다. 이 사건을 계기로 금강산 관광은 10년 넘게 중단된 상태입니다.

▌ 식당과 상점 앞을 지나가는 평양의 택시.

여행하면, 정치는 차치하더라도 경제는 자본주의 체제임을 느낄 수 있습니다. 이는 독일 통일 때와는 사뭇 다른 상황입니다. 그러므로 우리의 통일에 관해서도 이념 대결적 시각보다는 경제 협력이나 교류를 통한 공동 번영을 고려하는 시각으로 더 많이 연구해야 할 것입니다.

간추려 보기

- 2차 대전이 끝난 후 독일은 **전범** 국가에 대한 징벌 차원으로 강대국에 의해 분할되었다.
- 서독은 동독과 적극적인 교류를 통해 서독 주도의 흡수 통일을 했다.
- 오스트리아는 중립화 통일에 성공했지만, 예멘은 통일 뒤에도 혼란을 겪고 있다.

우리나라 가정에서는 220V 전기를 사용합니다. 50년 전까지는 110V였습니다. 220V는 110V보다

장점이 뚜렷합니다. 발전소에서 생산된 전기가 가정으로 배전되는 과정이 간소해지고 전기 손실도 줄어들어, 국민이 저렴한 가격으로 많은 전기를 사용할 수 있습니다. 문제는 비용입니다. 전압을 높이는 데에는 천문학적 금액이 필요합니다. 기존에 부설된 배선과 사용하던 가전제품도 220V용으로 일괄 교체해야 합니다. 남한은 1973년부터 220V 승압(전압을 올리는 작업)에 들어 갔습니다. 매년 750만 명의 인력과 현재 가치로 3조 4천억 원의 비용 그리고 32년이라는 시간이 필요했습니다.

통일을 신중히 하자는 사람들은 이 사례를 거론합니다. 전압을 바꾸는 데도 이처럼 큰 비용과 시간이 드는데, 체제가 다른 남한과 북한을 하나의 체제로 통합하려면 훨씬 큰 비용과 시간이 필요하다고요. 그러나 이 말은 어쩌면 통일을 하지 말자는, 현재의 적대 관계를 유지하자는 의미일 수도 있습니다. 지금이 아니라 수십 년이 지나도 통일을 낙관할 만한 호황을 장담할수 없기 때문입니다. 그렇다고 급격한 통일만이 능사는 아닙니다. 느리지도 빠르지도 않게 통일을 준비하는 구체적인 일정이 필요합니다.

통일 비용을 부담할 주체

그렇다면 그 비용을 누가 부담할까요? 통일은 두 나라가 하나로 합치는 작업이므로 당연히 북한도 분담할 의무가 있습니다. 그러나 북한이 큰 비용을 분담할 거라 기대하기는 어렵습니다. 북한은 세계에서 가장 빈곤한 국가 중 하나입니다. 통일 비용이란, 양측의 경제와 생활 수준이 비슷해질 때까지 소모되는 비용입니다. 남한과 북한의 경제력 차이는 40배가 넘습니다. 낙후된 북한의 경제력을 끌어올리려면 기초 산업시설 및 사회 인프라에 비용을 쏟아부어야 합니다. 북한에 깔린 도로의 길이는 남한의 4분의 1, 고속도로 길이는 6분의 1입니다. 그나마도 대부분 비포장입니다. 남한 도로의 포장률은 90%가 넘지만, 북한 도로의 85%는 비포장입니다. 그 도로 위로 일제

▌ 평양의 고층 건물.

강점기에나 존재했던 목탄차(나무와 숯을 태워 달리는 자동차)가 달구지보다 조금 빠른 속도로 굴러다닙니다. 전력도 충분하지 못합니다. 연간 전력 생산량에서 북한은 남한의 5% 수준입니다. 의료 서비스는 참혹한 수준으로 북한 주민의 32%가 전염병을 앓고 있지만, 진단조차 받지 못하는 실정입니다.

결국, 지갑을 열어야 하는 것은 남한입니다. 북한에 발전소를 짓고 항만을 건설하고 도로를 포장하고 철도를 부설하고 병원과 학교를 짓는 데 들어가는 돈은 남한의 주머니에서 나와야 합니다. 하지만 투자하는 비용은 남한이 부담하더라도 그 인프라를 건설할 땅과 자원, 인력은 북한이 공급할 것입니다. 또 그 열매는 남북이 공유할 수 있습니다. 남한 역시 예전 남한 경제의 주력이었던 장치 제조 산업(철강, 정유, 석유화학, 해운, 조선, 건설)의 경쟁력이 중국 제조계획 2025로 크게 일어난 중국의 제조 산업 때문에 압살당할 지경이고, 그 어느 때보다 돌파구가 절실합니다. 북한이 그 돌파구가 될 개연성 역시 충분하다고 봐야 합니다.

북한과 동독은 다르다.

사람들은 지금의 한반도 상황을 분단된 독일에 대입해서 생각합니다. 서독이 경제력과 인구에서 동독에 앞섰듯, 남한도 경제력과 인구에서 북한을 압도합니다. 그래서 독일의 통일을 잘 참고하면 남한이 앞으로 부담할 통일비용 금액도 얼추 추정할 수 있으리라고 생각할 수 있습니다.

그런데 동독은 애초에 북한과 급이 다른 나라입니다. 동독은 동유럽에서는 나름대로 경제 강국으로, 소련 다음이었습니다. 서독은 동독보다 경제력에서 2배 이상, 인구는 약 4배 이상이었습니다. 비유하자면 이렇습니다. 소득이 200만 원인 네 사람이 소득이 100만 원인 한 명을 돕는 것과(통일 독일) 소득이 200만 원인 두 사람이 소득이 5만 원인 한 명을 돕는 것(통일 한국). 두말할 것 없이 후자의 부담이 훨씬 큽니다.

하지만 부담이 크다고 외면만 할 수도 없습니다. 남한 역시 여러 사회 모순이 있고, 사실상 남한 경제의 추동력이 많이 떨어진 상태입니다. 지금까지 남한 경제를 추동해왔던 국가 발전 논리나 원동력이 더는 통용되고 있지 않은 상황임을 우리는 인지해야 합니다.

통일 비용은 예측이 어렵다.

1990년, 독일 재무장관 테오 바이겔(Theo Waigel)은 통일 비용으로 4년간 1,150억 마르크 정도면 충분하다고 예상했습니다. 지나치게 낙관적인 전망이었음이 금세 드러났습니다. 첫해인 1991년에 1,070억 마르크가, 다음 해에는 1,269억 마르크가 투입되어 2년 만에 예상 금액을 초과했습니다. 이후 독일은 2010년까지 3,000조 원이 넘는 돈을 쏟아부었습니다.

지난 몇 년간 최소 10개가 넘는 정부와 민간 그리고 외국 기관에서 남한의 통일 비용을 계산해서 발표했습니다. 최소 500조에서 최대 3,000조로 편차가 매우 극심합니다. 통일 비용 수치가 이처럼 중구난방인 이유는 무엇일까요? 통일 비용을 계산할 때 적용하는 변수가 많고 불확실하기 때문입니다. 독일 방식의 급속한 흡수 통일인가? 점진적 통일인가? 점진적인 통일이라면 필요한 기간은 몇 년인가? 통일 한국의 군대는 몇 명이 적절한가? 병역제도는 현재의 징병제를 유지할 것인가? 아니면 모병제로 할 것인가?

수많은 예측이 있고 그 예측에서 고려해야 할 것이 너무나 많습니다. 실제로 비핵화를 조건으로 통일이 된다면 비핵화에 들어가는 비용도 계산에 넣어야 합니다. 비핵화 비용은 북한이 보유한 핵 규모에 따라 달라집니다. 북한은 세계에서 가장 엄격한 폐쇄 사회입니다. 우리는 현재 북한이 몇 기의 핵탄두와 미사일을 보유하고 있고, 어느 정도 규모의 핵 생산 시설을 갖추고 있는지 모릅니다.

북한의 빚도 중요한 변수입니다. 만일 흡수 통일이 된다면 통일 한국이 그 빚을 떠안게 되고 통일 비용은 그만큼 증가합니다. 북한의 채권 규모는 잘 알려지지 않았습니다. 그동안 북한이 얼마나 많은 나라에서 얼마나 많은 돈을 빌렸는지, OECD(경제협력개발기구)를 비롯한 기관에서 북한의 채권 규모를 계산해서 발표하고 있지만 어디까지나 추정치입니다. 그리고 북한은 1984년에 디폴트를 선언했습니다. 미국 재무부는 북한의 채무를 130억 달러(한화로 약 14조 원)로 추산했습니다. 다행스러운 것은 2017년 세계은행(WB)이 밝힌 남한 경제 규모는 1조 5,308억 달러로 현재 북한 외채 130억 달러의 100배를 넘는 수준이라는 것입니다. 그리고 북한의 부채는 국가의 채무라서 남한의 국가 신용으로 유예가 가능할 수도 있습니다.

통일세

그러나 북한의 부채를 제외하더라도 이 많은 돈을 어떻게 마련해야 할까요? 독일이 통일했을 때, 서독 정부는 자신만만했습니다. 독일의 콜 총리는 서독 국민에게 장담했습니다.

"통일로 인한 세금 증가는 없을 것입니다."

하지만 통일은 밑 빠진 독에 물 붓기였습니다. 독일 정부가 준비한 실탄

남북협력기금

우리 정부는 통일을 대비해 **남북협력기금**을 운용하고 있습니다. 그러나 이 돈은 통일이 될 때까지 차곡차곡 금고에 쌓아두는 것이 아니라 매년 쓰입니다. 북한 예술단이 남한에 머무를 때, 평창 올림픽에 참가한 북한 선수단이 체류할 때 필요한 비용도 이 기금에서 사용되었습니다. 남북한 이산가족 교류나 대북지원 그리고 지금은 중단되었지만, 개성공단에 진출한 남한 기업을 지원할 때도 사용되었습니다. 현재 남북협력기금에 쌓인 돈은 1조 원이 조금 넘습니다. 이 정도로는 최소 수백조 원에서 수천조 원이 드는 통일 비용을 충당하기에는 코끼리 비스킷입니다.

은 금세 바닥을 드러냈고 별수 없이 국민에게 손을 벌렸습니다. 1991년 독일 정부는 연대특별세(Solidarity Surcharge)라는 통일세를 징수했습니다. 세율은 소득의 7.5%였습니다. 처음에는 1년만 걷고 폐지했지만, 1995년 통일세를 부활시켜서 지금도 걷고 있습니다. 독일 정부는 2019년까지 통일세를 징수할 예정입니다.

우리나라는 어떨까요? 남한 정부도 통일을 대비해 돈을 준비하고 있지만 그것으로는 언 발에 오줌 누기입니다. 결국, 다른 곳에서 충당해야 합니다. 통일이 현실화한다면 남한도 독일처럼 통일세가 신설될 가능성이 큽니다.

통일세 논란

2006년, 독일납세자연맹(Bundder Steuerzahler)은 연방헌법재판소에 통일세 위헌 소송을 냈습니다.

"10년간 우리에게 거둔 통일세가 어디에 사용되는지 명확하지 않다. 또 처음에는 1년만 시행한다고 한 통일세가 영원한 세금이 되어 버렸다. 독일 헌법은 장기적인 추가 부담을 금지하고 있다. 따라서 이는 위헌이다."

연방헌법재판소는 독일납세자연맹의 손을 들어줬습니다. 구체적인 사용 계획이나 명세 없이 통일세를 거두는 것은 적합하지 않으며 통일세는 한시적 조치라고 법원은 판결했습니다. 니더작센주 금융법원도 같은 판결을 내렸습니다. 그러나 쾰른 금융법원과 뮌스터 금융법원은 통일세는 합헌이라는 판결을 내렸습니다.

엇갈리는 법적 해석처럼 독일 사회에서도 통일세는 뜨거운 감자입니다. 독일은 의료, 교육, 실업 등 **사회 복지**가 발달한 나라입니다. 그 말은 개인이 부담하는 세금이 많다는 뜻이기도 합니다. 통일 전의 서독인들은 세금으로만 소득의 40% 이상을 냈습니다. 여기에 통일세까지 추가되자 독일인의 평균 소득세율은 49%로 세계 2위입니다. 내가 번 돈의 거의 절반이 세금으로 빠져나가는 것입니다.

이쯤 되면 아무리 부유한 독일이라도, 아무리 사회 복지에 너그러운 독일인이라도 불평이 생길 수밖에 없습니다. 힘들게 번 돈이 동독인들을 위해, 그것도 1년도 아니고 20년 넘게 세금으로 지출되는 것에 서독인들은 얼굴을 찡그렸습니다. 2010년 여론 조사에 따르면, 서독 지역 주민들의 76%가 통일세를 폐지해야 한다고 응답했습니다. 그렇다면 현재 독일인들은 통일을 후회하고 있을까요? 비슷한 시기의 설문 조사에 따르면 독일인 과반수는 통일을 긍정적으로 생각한다고 대답했습니다.

문제는 30년간 서독이 통일을 대비했고, 동독에 1990년부터 2010년까지 3,060조 원을 쏟아부었다는 사실입니다. 그런데도 동독 지역의 경제력은 구 서독의 70% 수준이며, 독일 경제는 10여 년간 침체를 겪었습니다. 어쩌면 우리는 통일을 바라지 않아야 할지도 모릅니다. 남북이 잘 사는 게 꼭 통일 한국의 모습이 아닐 수도 있습니다. 남북이 각각 현재보다 더 잘 사는 방법, 즉 공동 번영을 할 수 있는 수단을 취하는 것도 대안일 수 있습니다.

시간

동독의 1인당 국내 총생산은 서독 지역의 33%였습니다. 이 격차가 70%로 좁혀지는 데 20년이 걸렸습니다. 처음에는 서독이 아낌없이 지원해준다면 동독 경제가 빠르게 활성화될 거라고 사람들은 낙관했습니다. 현실은 반대였습니다. 수많은 동독 기업들이 폐업했고 실직한 동독인들은 고향을 떠나 서독으로 이주했습니다. 도시는 활기를 잃었고 주민들의 불만은 누적되었습니다. 동독의 경제력을 제대로 파악하지 못한 것이 원인이었습니다. 무리하게 서독 화폐와 동독 화폐를 통합하는 바람에 동독 지역의 물가와 실업률이 급상승한 것이 치명타였습니다. 또 통일 비용의 절반이 복지에 투입되면서, 정작 가장 투자가 절실했던 실물 경제는 충분한 지원을 받지 못했습니다. 이는 동독 경제가 자생력을 갖추지 못하는 결과를 낳았습니다. 이것은 서독 주민들에게도 후폭풍으로 돌아왔습니다. 1993년 통일 독일은 마이너스 성장을 기록했고 이후 몇 년 동안 독일 경제는 주춤했습니다. 독일 경제가 회복세에 들어선 것은 통일 후 7년이 지난 1997년부터였습니다. 독일로서는 비싼 대가를 치른 것입니다.

독일의 경제 성장률과 실업률

% 14
12 11.5
10 9.56 9.24
8 8.3 7.74
6
4
2 0.62
0
1955 1960 1965 1970 1975 1980 1985 1990 1995 2000 2005 년도

평균성장률
평균실업률
서독의 실업률

| 독일의 경제 성장률과 실업률. (출처 : 독일 통계청 통계연감)

   한반도 통일을 둘러싼 논란 가운데 하나는, 그 목표치를 얼마로 설정하고 그렇게 되기까지 필요한 시간은 얼마가 걸리느냐입니다. 가장 이상적인 것은 남북한 소득 격차를 '0'으로 만드는 것이지만 현실적으로는 어렵습니다. 이미 남북 소득 격차는 20배 이상 벌어져 있는데, 무리하게 남한 수준으로 끌어올린다면 역으로 남한의 부가 감소할 가능성이 크기 때문입니다. 그러나 통일이 늦어질수록 더 큰 비용이 들어갈 것이라는 예측도 분명 있습니다. 남북의 격차가 더 심화한다면, 격차를 메울 비용은 더 많아질 수밖에 없기 때문입니다. 따라서 통일의 목표치와 필요 시간을 산정하는 것도 중요한 과제입니다.

사례탐구 〈굿바이 레닌〉

▌ 레닌 동상 철거.

알렉스는 동베를린에서 태어났습니다. 어릴 때 아버지가 서독으로 **망명**하자 어머니는 복수라도 하듯 열혈 당원이 되었습니다. 10년 뒤 동독에는 매일 시위가 일어났습니다. 사람들은 동독 정부에 변화를 요구했습니다. 알렉스도 시위에 참여했다가 어머니에게 들켰습니다. 어머니는 충격으로 쓰러졌고 혼수상태에 빠졌습니다. 어머니가 잠든 동안 많은 일이 일어났습니다. 베를린 장벽은 무너졌고, 거리에는 서독으로 떠난 주민들이 버린 집과 낡은 가구와 실업자가 즐비했습니다. 마트는 서독 제품으로 빼곡히 채워졌고 동독 화폐는 가치를 잃어 종잇조각이 되었습니다. 누나는 자본주의의 상징인 패스트푸드점에서 일하면서 그곳에서 만난 서독 남자와 연애를 시작했고 알렉스도 자본주의 기업인 위성TV 회사의 직원이 되었습니다.

어느 날 어머니가 깨어났습니다. 의사는 또 한 번 충격을 받으면 사망할 수 있다고 경고합니다. 어머니가 쓰러진 것에 죄책감을 느끼던 알렉스는 동독이 붕괴한 사실을 차마 어머니에게 말할 수 없었습니다. 어머니 방을 옛날과 똑같이 꾸미고 옛날 신문을 갖다 놓고, 어머니가 좋아하던 동독 음식을 구하러 다니고, 거짓 뉴스까지 제작해 어머니에게 보여줍니다.

어느 날 어머니는 거리로 나왔다가 달라진 세상의 풍경에 경악합니다. 서독산 자동차와 제품들이 넘쳐나고, 하늘에는 철거된 레닌의 동상을 헬기가 나르고 있었습니다. 어리둥절해 하는 어머니에게, 알렉스는 서독이 붕괴하여 많은 서독인이 동독으로 몰려왔다는 새로운 거짓말로 어머니를 겨우 안심시킵니다. 거짓말을 한 것은 알렉스만이 아니었습니다. 가족여행을 간 날, 어머니는 숨겨왔던 비밀을 털어놓습니다. 아버지가 가족을 버리고 망명한 것이 아니라, 자신이 함께 가지 않았던 것이라고. 혹시 망명에 실패하면 자식들이 피해를 볼까 봐 두려웠다고.

어머니의 상태가 위독해지자, 알렉스는 마지막으로 조작된 뉴스를 또 보여줍니다. 동독이 주체가 되어 통일되었고 사람들이 행복해하는 내용이었습니다. 이미 어머니는 모든 사실을 알고 있었지만, 자신을 위해 연극을 하는 아들을 배려해 미소를 짓습니다. 며칠 뒤 어머니는 숨을 거둡니다.

영화 〈굿바이 레닌〉은 통일을 전후한 동독 사회의 혼란을 조명한 영화입니다. 레닌은 20세기 초 러시아에서 사회주의 혁명을 일으켜 최초의 사회주의 국가를 건설한 사람으로 사회주의를 상징하는 인물입니다.

간추려 보기

- 통일 비용은 남북한의 소득 격차를 줄이는 비용이다.
- 통일 비용을 부담하는 주체는 경제력이 앞서는 남한이 될 가능성이 크다.
- 통일 비용을 계산하려면 많은 변수가 있어서 정확하게 예측하기는 어렵다.
- 남북한이 통일되면 한국 정부도 통일세를 징수할 가능성이 있다.

4장 통일과 이익

통일을 이야기할 때 사람들은 통일 비용과 통일이 주는 이익, 주로 이 두 가지에 초점을 맞춥니다. 그래서 분단 비용은 별로 주목받지 못했습니다. 왜 그럴까요? 분단이 장기화하면서 어느덧 우리는 분단 그 자체에 무감각해졌기 때문입니다. 아침이면 눈을 뜨는 것처럼 분단이 당연한 일상처럼 느껴지다 보니, 분단을 유지하기 위한 비용이 발생하는 것을 실감하지 못하는 것입니다.

저성장의 탈출구

2003년 이후 남한 경제 성장률은 줄곧 세계 경제 성장률을 밑돌고 있습니다. 남한 경제를 지탱해 온 반도체, 자동차, 조선 등의 수출 효자 종목들도 사정이 좋지 않습니다. 미국이나 일본처럼 경제의 몸집이 큰 나라들은 수출이 좀 부진해도 내수 시장이 튼튼해서 버틸 수 있지만, 남한은 다릅니다. OECD(경제협력개발기구)와 주요 신흥 경제국 등 41개국 중 남한은 내수 시장 규모가 27위로 하위권입니다. 기존 산업들은 하나둘 성장 한계를 드러내고 있고, 기업은 임금이 부담스러워 인건비가 저렴한 나라로 눈을 돌리고 있습니다. 그 결과 고용은 더욱 불안정하고 빈부 격차는 확대되고 있습니다.

국내 시가 총액 1위 기업인 삼성전자는 1990년대부터 베트남에 진출했습니다. 2009년에는 하노이에 대규모 스마트폰 공장을 설립했고, 다른 계열사를 포함해 수백 개의 협력업체도 뒤를 따랐습니다. 그 밖에 많은 국내 기업들도 해외로 눈을 돌리고 있습니다. 날로 상승하는 인건비가 부담이었던 것입니다.

기업 유치에 목이 마른 것은 북한도 마찬가지입니다. 한때 북한은 세계적인 패스트푸드 기업 맥도날드 매장을 평양에 내기 위해 노력했습니다. 맥도날드는 북한의 제의를 신중하게 검토했지만 2008년 포기했습니다. 수도와 전기, 상하수도, 통신 등 기초적인 인프라를 비롯하여 금융 서비스까지 기업이 투자할 환경과 여건이 미비했기 때문입니다. 남북한 경제 협력이 진전되어 북한에 기초 시설과 투자가 이루어지고 남한 기업의 기술력과 북한의 낮은 임금이 결합하면, 내수는 한층 두터워지고 고용은 창출되어 남북한 모두에게 이익입니다.

2018년 미국 투자은행 모건 스탠리는 만일 삼성전자가 베트남 공장을 북한으로 이전하면, 북한 경제는 5% 이상의 성장률이 가능하다고 전망했습니다. 북한은 지리적으로 가깝고 문화적으로 비슷한 데다 같은 언어를 사용하고 있습니다. 특히 제조업체 기준 북한 노동자의 시간당 임금 수준은 1.1달러(약 1,230원)로 남한(18.7달러)보다 약 17배 저렴합니다. 그동안 저성장의 터널에서 좀처럼 빠져나오지 못하는 남한 경제에게 북한은 탈출구가 될 수 있습니다.

분단 비용

국방비는 대표적인 분단 비용입니다. 남한은 매년 40조 원에 가까운 돈을 국방비에 지출합니다. 40조 원은 남한 GDP(국내 총생산)의 약 2.5%가 되는 금액으로 남한은 국방비 지출에서 세계 10위입니다. 한반도가 통일되면 지금보다 국방비를 대폭 삭감할 수 있을 것입니다.

남한은 징병제 국가입니다. 매년 20만 명의 젊은 남성들이 입대합니다. 신체적으로, 지적으로 최전성기를 생산이나 창조 활동이 아닌 병역 이행으로 보내는 것은 개인과 국가 모두에게 큰 손실입니다. 통일하면 이 분단 비용을 최소화할 수 있습니다.

인천공항에서 비행기로 러시아 블라디보스토크나 미국으로 갈 때, 최단 경로는 북한 하늘을 통과하는 것입니다. 국내 항공사들은 1998년부터 북한

❙ 병역 의무도 분단 비용이다.

영공을 통과했습니다. 물론 공짜는 아닙니다. 대한항공은 24억 원, 아시아나 항공은 10억 원 등 남한을 대표하는 두 항공사는 1년에 약 34억 원의 영공 통과료를 북한에 냈습니다. 통과료를 내더라도 그 항로를 이용하는 것이 항공사에는 이득입니다.

그러나 2010년 남한 정부는 대북 강경책의 하나로 북한과의 교역을 중단하고 항공기가 북한 영공을 통과하지 못하도록 조처했습니다. 그 결과 항공기들은 러시아나 미국으로 갈 때 동쪽으로 크게 우회하는 항로를 택해야 했습니다. 시간이 더 걸리는 것은 물론 연료 비용도 증가해, 항공업계는 매년 약 120억 원의 손실을 보고 있습니다.

분단은 외국인 투자 감소를 유발합니다. 외국인이 국내에 투자한 기업은 약 17,000개로 전체 매출의 12%, 수출의 21%, 고용의 6%를 담당하고 있습니다. 주식 총액의 30% 이상은 외국 자본입니다. 외국인들은 한반도 상황에 매우 민감합니다. 북한이 핵실험을 하거나 미사일을 발사해 한반도 정세가 불안하다고 판단하면 그들은 투자를 포기합니다.

분단은 국가 **신용 등급**에도 영향을 미칩니다. 우리가 은행에서 돈을 빌리듯, 국가도 해외에서 돈을 빌립니다. 돈을 빌리는 대가로 남한 정부는 이자를 냅니다. 그런데 국가 신용 등급이 낮은 국가일수록 더 비싼 이자를 내야 합니다. 그 신용 등급을 결정하는 요소 중 하나가 지정학적 위험, 즉 안보입니다. 한반도의 전쟁 위험이 커질수록, 남한의 신용 등급은 낮아지고 그만큼 더 많은 이자를 내는 것입니다.

분단 비용이 많이 들수록, 통일의 가치와 필요성은 더 높아집니다. 통일되면 이 비용을 절약할 수 있기 때문입니다.

국방비 감축

통일되면 젊은 남성들은 군대에 가지 않아도 될까요? 많은 사람이 궁금해하는 부분입니다. 통일된다고 해서 군대가 없어지지는 않습니다. 200여 개가 넘는 지구상의 모든 국가는 그것이 경찰이든, 해안 경비대든, 외국 군대든, 어떤 형식이든 국토를 경계하고 수호하는 병력이 주둔 중입니다. 한국이 통일하면 러시아와 중국과 국경을 접하게 됩니다. 바다 건너에는 독도 문제로 분쟁 중인 일본이 있습니다. 군사력 순위에서 일본은 8위, 중국은 3위, 러시아는 2위입니다(2018 미국군사력평가기관 GFP 자료). 하나같이 만만치 않은 상대들입니다.

통일된 뒤에도 한국은 군대를 유지해야 합니다. 대신 그 규모는 축소될 것이 분명합니다. 현재 북한에는 100만, 남한에는 60만의 병력이 있습니다.

▌ 한반도의 주변국.

한국국방연구원 박주현 박사는 통일 초기에는 50만 명을 유지하게 될 것이고 기존에는 GDP의 2.5%를 국방비로 지출했지만, 통일되면 1% 선으로 줄어들 것으로 전망했습니다.

물론 남북한 군대를 통합하고 축소하는 과정에서 상당한 비용이 발생합니다. 전역하는 사람에게 지급할 연금과 **비무장 지대**(DMZ)에 매설된 지뢰 제거 비용, 군대 감축으로 필요가 없어진 트럭과 총기, 대포와 같은 장비와 화기류 처분비용 등등. 그 비용을 고려해도 매년 20조 원 정도의 경제적 효과가 발생한다고 전망했습니다.

남한의 기술, 북한의 지하자원

일제 강점기 시절, 일본은 북한을 '광물 자원의 표본실'이라 불렀습니다. 매장된 광물 자원의 종류가 다양하다는 뜻입니다. 북한에는 약 500종의 광물이 묻혀 있습니다. 그중 철이나 구리처럼 산업에 꼭 필요한 광물은 200종, 그중에 매장량이 풍부해서 채굴해도 좋은 광물은 약 20종입니다. 철의 매장량은 세계 6위, 텅스텐은 4위, 흑연은 4위, 금은 8위, 마그네사이트는 금속 기준으로 세계 3위입니다. 북한은 광물을 수출하는 자원 수출국입니다.

반면 남한의 광물 자원은 대단히 빈약합니다. 전략 광물 소비량은 세계 5위로 90% 이상을 해외 수입에 의존합니다. 철, 구리, 아연과 같은 금속 자원 자급률은 1%에 불과합니다. 그나마 매장량이 풍부한 자원은 도자기를 만드는 고령토와 시멘트의 원료인 석회석 정도입니다.

남한의 광물 자원 주요 수입국은 호주, 브라질, 칠레, 인도 등입니다. 이들 나라는 한반도에서 멀리 떨어져 있을 뿐 아니라 광물 자원은 하나같이

알아두기

희토류

1787년 스웨덴 군인이 채석장에서 낯선 광물을 발견했습니다. 핀란드의 물리학자가 새로운 원소 산화물을 추출했고 그 이름을 이트륨이라고 지었습니다. 이트륨은 광물이 발견된 마을 '이테르비'에서 따온 말로, 최초의 희토류입니다.

희토류는 번역하면 희귀한 흙이란 뜻입니다. 하지만 이름만큼 귀한 광물은 아닙니다. 매장량은 구리보다 더 많습니다. 그런데도 이런 이름이 붙은 것은 순수한 희토류를 분리하기가 어려워 인간이 쓸 수 있는 양은 희소하기 때문입니다. 희토류는 금이나 은처럼 하나가 아닙니다. 원자번호 57번 란타넘부터 71번 루테튬까지, 스칸듐(21번), 이트륨(39번) 등 17개 희귀 광물이 포함된 흙을 뭉뚱그려 희토류라고 말합니다.

희토류를 분리하는 기술은 1940년대가 되어서야 완성되었습니다. 오늘날 희토류가 없으면 컴퓨터, 휴대전화, 전기차, 청정에너지 발전기 등 첨단 산업이 돌아가지 않습니다. 현재 세계 희토류의 최대 생산국은 중국입니다. 중국은 세계 희토류의 90%를 공급하며 미국도 거의 100% 중국에서 수입합니다. 중국은 중동에는 석유가 있지만, 중국에는 희토류가 있다며 희토류에 대한 자부심이 대단합니다. 그 희토류가 북한에도 상당한 양이 매장되어 있습니다. 다만, 조사 기관에 따라 매장량과 경제적 가치에서 차이가 있는데 북한의 합영 투자위원회는 희토류 매장량이 세계 2위라고 주장하고 있습니다.

무거우므로 운송하는 데 큰 비용과 많은 시간이 듭니다. 통일된다면 북한의 자원을 남한이 이용할 수 있습니다. 북한은 자원은 풍부하지만, 채굴 기술은 낙후되어 있습니다. 남한은 광물 매장량은 볼품없지만 높은 기술력과 풍부한 자금을 보유하고 있습니다. 서로에게 꼭 필요한 부분을 가진 것입니다. 북한에 매장된 자원의 잠재적 가치는 약 7,000조 원으로, 남한의 24배가 넘습니다.

대륙과 연결

삼면이 바다로 둘러싸인 땅을 반도라고 합니다. 삼면은 바다이고 나머지 한 면은 육지와 연결되어 있습니다. 남북한을 한반도로 부릅니다. 하지만 남한은 사실상 섬입니다. 북쪽이 휴전선 때문에 가로막혀 있기 때문입니다. 중국과 러시아로 교역과 교류를 할 때는 기차나 자동차가 아닌 배나 비행기를 이용해야 합니다. 바다 건너 일본에 가는 것과 다를 바가 없습니다. 통일된다는 것은 섬나라에서 진정한 반도로 거듭나는 것을 의미합니다. 한국이 대륙(중국, 러시아, 유럽)과 연결된다는 뜻이기도 합니다.

철도는 배보다 빠릅니다. 부산에서 출발한 화물선이 모스크바까지 가려면 약 한 달이 걸립니다. 철도는 12일이면 충분합니다. 거리도 약 1만 2천 킬로미터를 단축할 수 있습니다. 여기서 발생하는 경제적 효과는 상당합니다.

압록강 너머에는 인구 1억 4천만 명이 거주하는 동북 3성(길림성, 요령성, 흑룡강성)이 있습니다. 통일되고 이곳에 철도와 도로가 연결되면 한반도는 거대한 시장을 확보하는 셈입니다. 동쪽으로는 세계 2위의 천연가스 생산국 러시아가 있습니다. 남한은 세계 3위의 LNG(액화 천연가스) 수입국입니다. 최근 남한에서는 탈원전과 친환경 정책이 동시에 추진 중입니다. 원자력은 위험하고 석탄은 온실가스를 배출해서 친환경적이지 못합니다. 태양광 발전은 전력 생산의 한계가 있어서 원자력과 석탄의 역할을 대신하지 못합니다. 가장 현

시베리아 횡단 철도

— 시베리아 횡단 철도
— 바이칼·아무르 철도
— 몽골 횡단 철도
— 만주 횡단 철도

러시아

모스크바
예카테린부르크
노보시비르스크   타이셰트   치타
이르쿠츠크   울란우데   하얼빈   블라디보스토크
하바롭스크   소베츠카야가반

울란바토르

몽골   중국

베이징

▌ 대륙 횡단 철도.

실적인 대안은 LNG입니다.

남한은 천연가스의 90%를 중동과 호주, 동남아시아 국가로부터 수입했습니다. 통일되어 국경 너머 사할린으로부터 한반도까지 파이프라인을 땅속에 설치해 천연가스를 수입하면 매입 가격은 절반으로 떨어집니다.

러시아에는 유럽까지 이어지는 시베리아 횡단 열차가 있고, 중국에는 러시아까지 이어지는 중국 횡단 철도가 있습니다. 중국은 현재 중앙아시아에서 유럽까지 연결하는 일대일로(一帶一路) 정책을 야심 차게 추진 중입니다. 통일 한국의 철도가 이들과 연계하면 부산에서 출발한 기차가 유럽까지 도달하게 됩니다. 한반도라는 좁은 권역에서 탈출해 유라시아까지 활동 무대가 넓어지는 것입니다.

인구 절벽

남한은 세계에서 5번째로 출생률이 낮은 국가입니다. 선진국 클럽이라 불리는 OECD(경제협력개발기구) 회원국 중에서는 단연 꼴찌입니다. 출생률이 낮으면 일을 하는 연령층이 줄어듭니다. 반면, 영국 의학저널 〈The Lancet〉에 따르면 평균 수명은 꾸준히 증가해 남녀 모두 기대 수명에서 세계 1위를 차지했습니다. 남한은 저출산 고령화 국가입니다. 게다가 인구가 크게 격감하고 있습니다. 지방은 빈 집이 늘어나는 등 지방 소멸이 가시화되고 있으며 도시의 중심가에는 젊은이들이 많이 보이지 않습니다.

일할 수 있는 젊은 사람의 머릿수가 줄어들면 그 나라의 생산력도 감소합니다. 생산이 감소하면 소비와 투자도 줄어듭니다. 인구 감소는 사회 복지에도 치명타입니다. 모든 사회 복지 제도는 기본적으로 젊은 세대가 노인 세대

알아 두기

인구 절벽(Demographic Cliff)

미국의 저명한 경제학자 해리 덴트가 2014년 처음으로 사용한 용어입니다. 생산가능인구(15세~64세)의 비율이 급속도로 줄어드는 현상을 말합니다. 인구 절벽의 원인은 출생률 감소입니다. 생산과 소비의 주체인 청, 장년층의 비율이 줄어들면 덩달아 생산과 소비가 감소해 경제 활동이 위축되어 경제 위기가 발생할 수 있습니다. 남한은 2015년 12월 이후 계속해서 출생아 숫자가 감소 중입니다. 우리나라는 인구 절벽을 해결하기 위해서 출산과 육아 장려 그리고 해외로부터 이민자를 받아들이는 정책을 펴고 있습니다.

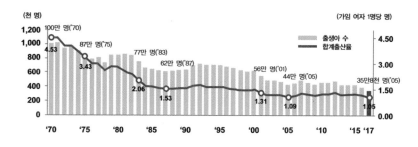

(천 명)　　　　　　　　　　　　　　　　　　　　　　　　　　　　　(가임 여자 1명당 명)

출생아 수 및 합계출산율 추이(1970-2017) ©통계청

를 봉양하는 구조입니다. 젊은 세대가 열심히 일해서 번 돈으로 세금을 내고 소득 능력이 없는 노인 세대를 위해 그 세금이 쓰이는 것이지요. 그 젊은이도 노인이 되면 미래 세대로부터 돌려받습니다. 복지는 이런 순환 체계입니다. 출생률이 감소하고 고령화가 빨라지면 이 시스템은 붕괴합니다.

2018년 기준, 남한 인구는 약 5천만 명이고 북한은 약 2,500만 명입니다. 그중 생산가능인구인 15세에서 64세까지의 인구는 60%가 넘습니다. 통일되어 북한 인구를 흡수하면 생산가능인구 비율이 70%로 늘어납니다. 저출산 고령화로 인한 인구 절벽 문제를 통일로 해결할 수 있는 것입니다.

통일 비용 vs 통일 이익

정부와 국내외 민간 기관들은 앞다투어 통일 이익을 발표하고 있습니다. 통일 비용을 예측할 때도 그랬지만, 이 수치도 편차가 큽니다. 통일 예상 시기, 통일의 목표치, 통일 조정 기간, 통일 후의 정책 방향성 등등 통일 변수가 다양하기 때문입니다. 조사 기관도 다르고 예측 방식도 다르지만, 이 보고서들에는 한 가지 공통점이 있습니다. 통일 비용보다 통일 이익이 더 크다고 적고 있다는 겁니다. 통일 비용은 통일 초기에 일시적으로 크게 발생하지만, 그 결과물인 통일 이익은 항구적이고 계속 축적되는 것으로 보기 때문입니다.

통일에 반대하는 사람들은 이 보고서의 결과에 그다지 수긍하지 않습니다. 그들은 조사 기관들이 통일 이익을 예측할 때 지나치게 낙관적으로 가정했다고 말합니다. 가정이 몇 개만 바뀌어도 결과가 크게 달라지므로 신뢰성과 설득력이 떨어진다고 주장합니다. 젊은 사람들은 다시 독일을 예로 듭니다. 그 보고서 말대로 통일 이익이 비용보다 많다고 하더라도 독일이 그랬듯 통일 초기에는 사회적 혼란과 경기 침체를 피할 수 없고 어느 정도 안정권에 진입하기까지는 많은 시간이 필요하다고 주장합니다. 그리고 그러면 고생하는 것은 결국 우리 세대이고 그 열매를 따 먹는 것은 다음 세대인데 왜 우리가 그 총대를 메야 하느냐고 말합니다. 물론 이에 대해 지나치게 이기적이라는 비판이 있습니다.

독일 통일 모델의 역설

독일 통일을 언급하면서 사람들은 남북통일에 신중히 접근해야 한다고 주장합니다. 서독이 3,060조 원을 투입했고, 또 통일 과정을 거치면서 오랜 침체기를 겪었기 때문입니다. 그리고 남북통일을 연구하는 어떤 사람들은 북한이 신흥 시장으로서의 가치가 있느냐고 묻습니다. 북한이 가진 것은 값싼 인력뿐이라고 말합니다. 그들은 당장 남한에서 개발 중인 지역조차도 제대로 외자 유치가 되지 않는 상황인데, 인프라가 전혀 없는 북한에 어떤 외국 자본이 투자하겠느냐고 따집니다. 그리고 북한 말고도 인도나 베트남과

통일 한국에 투자하고 싶다.

▌짐 로저스.

짐 로저스(Jim Rogers)는 워런 버핏, 조지 소로스와 더불어 세계 3대 투자자로 불립니다. 짐 로저스의 특기는 남들이 위험해서 꺼리는 분야에 공격적으로 투자해 막대한 수익을 올리는 것이었습니다. 2015년 그는 한반도가 통일된다면 전 재산을 북한에 투자하겠다고 공언했습니다. 북한이 개방되면 한반도에 거주할 의사가 있다고도 했습니다. 무엇 때문이었을까요? 첫째, 남한의 기술력과 북한의 노동력과 지하자원이 결합하면 높은 성장이 가능하다고 봤기 때문입니다. 전력과 철도, 도로 등이 깔리고 관광 산업이 활성화되면서 한반도가 호황을 누릴 것으로 전망했습니다. 둘째, 중국과 러시아, 미국, 일본 등의 주변국이 거액을 준비하여 투자를 기다리고 있기 때문입니다. 짐 로저스는 1990년 독일 통일 당시는 헝가리나 체코, 러시아 등 주변국의 투자를 기대하기 어려웠던 상황이라면 지금의 한반도는 세계적인 저금리 정책에 기반한 자금이 투자처를 찾지 못해 돌아다니고 있어 투자 유치가 수월할 것이므로 통일 비용을 걱정할 필요가 없다고까지 말했습니다.

같은 투자할 신흥 개발 도상국도 지천으로 널려 있다고 강변합니다.

이들의 의견도 일리는 있습니다. 많은 연구자들이 남북통일이 기회인지 부담인지를 따지면서 가장 효율적인 통일의 길을 제시하려고 하고, 최대한 통일의 부작용을 줄이고자 합니다. 그게 그들의 임무이고 희망이기 때문입니다. 하지만 전문가들의 객관적이고 과학적으로 보이는 예측대로 모든 게 흘러가지는 않습니다. 가장 수긍할만한 현실적인 근거를 가지고 설득하더라도 말입니다. 어쩌면 통일 비용이나 분단 비용 중 어느 게 더 이익이냐보다 중요한 것은 남북통일에 대한 뜨거운 의지일지 모릅니다.

대표적인 사례가 독일입니다. 서독은 미국의 경제 원조를 바탕으로 '라인강의 기적'이라 불리는 경제 부흥을 이뤄, 1970년대 후반 GDP 세계 2위를 달성한 경제 강국이었습니다. 한편 독일은 통일에 막대한 비용을 퍼붓고 몇십 년을 고생했지만, 현재 2018년 IMF 기준 GDP 4조 2,116억 달러로 GDP 순위가 세계 4위의 경제 대국입니다. GDP 세계 2위에서 4위로 떨어졌다고 해서 독일 통일이 서독의 경제를 낙후시켰다고 할 수는 없습니다. 그렇다고 통일을 했기 때문에 사회적 내적 인프라가 탄탄해져서 세계 4위의 경제 대국을 유지할 수 있었다고 할 수도 없습니다. 그리고 2018년 8월, 독일 매체인 도이체 벨레(DW) 중문판은 독일 뮌헨의 민간경제연구소 Ifo가 발표한 자료를 인용해 2018년 독일의 무역 흑자가 2,990억 달러(약 335조 원)로 3년 연속 세계 1위를 차지했다고 보도했습니다. 이러한 독일의 현황을 보면 남북통일 신중론의 근거로 든 독일 통일의 모델도 자신들의 통일 신중론에 부합되는 근거만 제시한 것임을 알 수 있습니다. 그리고 남북통일 비용을 계산하여 통일에 신중해질 필요가 있다고 남한에 경고한 것은 아이러니하게도 일본입니다. 아전인수의 가능성을 주의해야 할 대목입니다.

비무장 지대에 접한 임진각.

사례탐구 통일과 땅 소송

2011년 한 시민이 대법원에 소송을 제기했습니다. 휴전선 북쪽에 있는 땅이 자신의 소유라는 것을 확인해 달라는 것이었습니다. 그 땅은 분단 전부터 증조부의 것이므로 후손인 자신에게도 소유권이 있다는 것이었습니다. 대법원은 소송을 기각했습니다. 그 땅이 북한에 있으므로 확인할 방법이 없다는 것이 기각의 이유였습니다.

70년 전, 많은 북한 주민이 남한으로 넘어왔습니다. 그들 중에는 땅문서를 챙겨 온 사람들도 있었습니다. 언제고 통일이 되면, 그 땅을 찾겠다는 의지였습니다. 판문점 선언으로 통일의 가능성이 보이자 그 문서들이 갑자기 거래되기 시작했습니다. 통일되면 북한의 땅값이 오를 거라는 기대를 한 사람들이, 땅문서를 가지고 있지만 돈이 필요한 **실향민**들로부터 문서를 마구 사들인 것이었습니다. 그런데 통일되면 그 땅문서는 정말로 유효할까요?

북한은 사유 재산을 인정하지 않는 사회주의 국가입니다. 모든 땅과 건물은 기본적으로 국가 소유입니다. 북한은 1946년 토지 개혁을 단행해 모든 토지를 몰수했습니다. 땅문서만으로는 그것이 내 땅이라고 주장할 수 없습니다. 그 땅의 소유권을 확인하려면 땅문서와 땅에 관한 정보가 기록된 **토지 대장**의 기록이 일치해야 합니다. 하지만 토지가 국가 소유로 바뀐 지 오래인 북한에 그 토지 대장이 남아 있는지는 모를 일입니다.

이와 반대의 소송도 있었습니다. 그는 1951년 납북되어 북한에 끌려갔다가 53년만인 2004년 이산가족 상봉을 통해 가족과 만났습니다. 기쁨도 잠

시였습니다. 그는 딸로부터 친척이 자신의 땅을 빼앗아갔다는 이야기를 들었습니다. 그는 남한 정부를 상대로 그 땅을 돌려달라는 소송을 냈습니다. 북한의 삼엄한 감시 때문에 자신의 딸에게 소송을 부탁했습니다. 법원은 그의 손을 들어주었습니다. 하지만 재판은 대법원까지 이어졌고 대법원은 패소 판결을 내렸습니다.

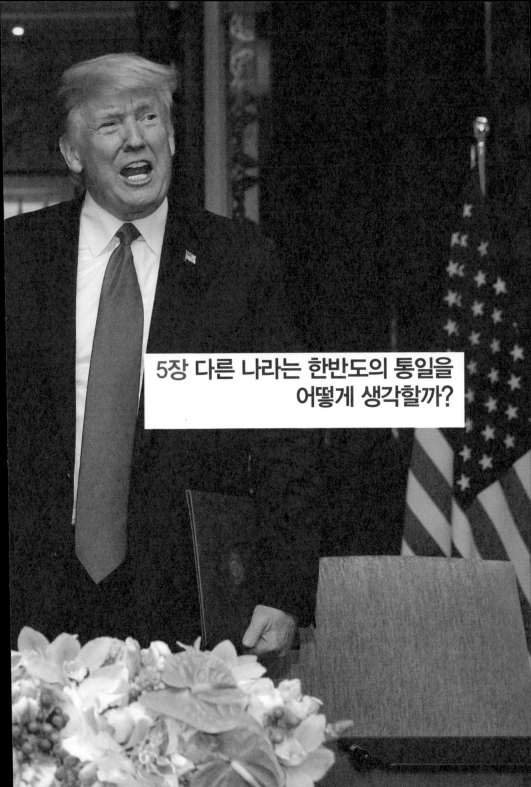

5장 다른 나라는 한반도의 통일을
어떻게 생각할까?

70년 전 한반도는 미국과 소련의 주도로 분단되었습니다. 한국 전쟁은 중국과 소련의 지원을 받은 북한에 의해서 발발했고, 미국이 남한을 지키기 위해 UN군과 함께 참전했습니다. 북한이 수세에 몰리자 이번에는 중국이 참전했고 정전 협정에도 미국과 중국이 참가했습니다.

1994년 북한이 핵실험을 하자 핵 문제를 다루기 위한 회담이 2003년 열렸습니다. 당사자인 남한과 북한 외에도 미국, 러시아, 일본, 중국 대표가 참여했습니다. 이를 6자 회담이라 부릅니다. 이들은 공식적으로는 한반도의 통일을 지지하지만, 속으로는 쉼 없이 계산기를 두드리고 있습니다. 한반도 통일이 자신들에게 이익이 된다면 지지하겠지만, 손해가 된다면 어깃장을 놓을 것입니다. 통일이 순조롭게 이루어지려면 남북통일이 주변국들에도 이익이라는 점을 그들에게 이해시키고 지지를 얻어내는 외교 전략이 필요합니다.

북한의 후견인, 중국

중국의 별명은 '북한의 후견인'입니다. 지난 수십 년간 중국은 북한의 보호자를 자처하면서 경제난에 허덕이는 북한에 막대한 식량과 무기, 비료,

석유를 지원했습니다. 통계에 의하면, 북한에서 사용하는 식량과 에너지의 90%는 중국에서 제공한 것입니다. 북한이 핵실험을 감행해 세계로부터 비난이 쏟아지고 경제적 제재가 가해졌을 때도 중국만은 북한을 외면하지 않았습니다. 이 점은 앞으로 통일이 어떻게 전개되느냐에 따라 우리 민족끼리의 통일에 큰 장애물로 등장할 소지가 다분한 지점입니다.

북한은 중국에 있어 같은 사회주의 동지이자 전략적으로 매우 중요한 국

▌ 중국 제7대 주석 시진핑.

가입니다. 중국은 세계 패권을 두고 경제와 군사력, 외교 등에서 미국에 도전하고 있습니다. 남한에는 중국이 가장 싫어하는 미군 3만 명이 주둔 중입니다. 미국과 경쟁 중이지만 세계 최강의 군사 강대국인 미국과 충돌하는 것은 중국도 원하지 않습니다. 미국은 전통적으로 남한의 우방국이고, 남한과 미국의 유대감은 중국과 북한의 관계 못지않게 끈끈합니다. 통일 뒤에도 한반도에 미군이 주둔한다면 중국은 뒤통수가 찜찜할 수밖에 없습니다. 그래서 중국 지도부는 지금까지 북한이 몰락하지 않도록 적절히 지원하면서 북한을 완충 지역으로서 유지하는 전략을 취해왔습니다.

남북통일이 중국에 주는 이익

"왜 북한을 계속 지원해야 하지?" 중국 내부에서도 불만의 목소리가 높습

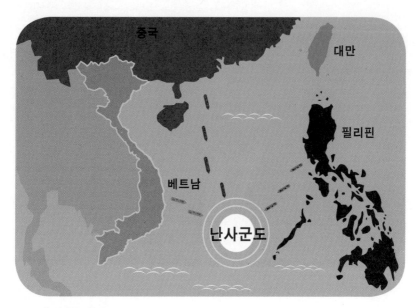

▌ 난사군도 분쟁.

니다. 많은 중국인은 북한에 원조해서 중국이 얻는 게 대체 무엇인지 의문을 제기합니다. 1970년대에 중국은 또 다른 사회주의 국가인 베트남을 지원했지만, 양국 간 영토 분쟁이 일어나 1979년에는 중국·베트남 전쟁까지 발발했습니다. 지금도 양국은 남중국해의 난사군도 주권을 놓고 대립 중입니다.

아무리 중국이 북한의 보호자라지만 북한의 지속적인 핵실험은 중국으로서도 부담스럽습니다. 감싸는 데에도 한계가 있습니다. 국제 사회의 비난도 외면할 수 없고 자칫 핵실험으로 발생한 방사성 물질이 중국에까지 흘러들 위험도 있습니다.

한반도 통일은 중국으로서도 이득이 있습니다. 우선, 북한에 막대한 지원을 해줄 필요가 없어져서 좋고 국경 너머에 인구 8천만 명, 세계 10위권의 경제력을 갖춘 국가가 탄생한다는 것도 반가운 일일 것입니다. 양국의 교역과 관광, 민간 교류 및 경제 협력이 늘어날 것이고 이는 중국 경제에도 이익이 되는 일입니다. 동북 3성(길림성, 요령성, 흑룡강성)은 많은 인구와 풍부한 자원을 가졌으면서도 중국에서 상대적으로 낙후된 지역입니다. 북한의 핵실험과 남북 분단으로 대외 개방이 막혔기 때문입니다. 전문가들은 한반도가 통일될 경우 중국 동북 3성 지역이 가장 큰 혜택을 받으리라고 전망합니다. 그동안 중국은 북한을 두둔한다는 부정적인 이미지가 강했습니다. 한반도 통일에 협력한다면 중국은 세계 평화에 이바지했다는 좋은 인상을 과시할 수 있어 국가 이미지를 높이는 효과가 있습니다.

일본 우익과 남북통일

"아베의 구세주는 김정은이구먼."

2017년, 일본에서 총선거가 끝나자 누군가가 이렇게 말했습니다. 선거는 자민당의 압승이었습니다. 아베는 자민당 소속으로 현재 일본의 총리입니다. 몇 달 전, 아베와 자민당은 궁지에 몰렸습니다. 아베와 그의 아내가 비리에 연루된 추문이 폭로되었고 지지율은 급락했습니다. 때마침 북한에서 대륙간 탄도 미사일을 발사했습니다. 밤하늘에 홋카이도를 통과하는 미사일 영상이 공개되자 일본인은 충격과 공포에 휩싸였습니다. 일본인들은 거짓말처럼 아베를 향한 비난을 멈추었습니다. 평소 아베는 입버릇처럼 북한을 압박해야 한다고 주장한 인물이었습니다.

"그깟 비리가 무슨 대수야? 나라가 지금 위험해졌는데."

일본인들은 다시 아베에 지지를 보냈고 아베는 극적으로 부활했습니다.

▌ 일본 제90, 96~98대 총리 아베 신조.

　일본은 2차 대전 패전국입니다. 승전국 미국은 징벌의 차원으로 일본이 앞으로 군대를 가질 수 없고, 다른 나라를 먼저 공격할 수 없도록 장치를 했습니다. 일본의 평화헌법입니다. 일본 **우익** 단체들은 평화헌법을 고쳐야 한다고 부르짖습니다. 그들은 과거, 한반도와 중국을 침략했던 제국주의 시절을 그리워하고 침략의 역사를 미화하고 있습니다. 군대를 보유하고 선제공격을 하려면 헌법을 개정해야 합니다. 헌법을 개정하려면 국민의 지지가 필요하고, 국민의 지지를 얻으려면 명분이 있어야 합니다. 북한의 핵실험과 미사일 발사는 일본 국민을 설득하는 좋은 명분입니다. 총리 아베의 정책 성향도 우익과 궤를 같이하고 있습니다.

　일본 우익들은 오랫동안 한반도를 '일본의 옆구리를 겨누고 있는 단도'라

아베의 집안

▎일본 도쿄의 쇼인 신사. 요시다 쇼인을 모시는 제사 시설.

일본에는 유난히 정치 가문이 많습니다. 재벌 2세들이 기업을 물려받듯 후손들은 정치를 세습합니다. 일본 집권당인 자민당 의원의 33%가 세습 의원이고 내각 대신(장관)은 절반이 넘습니다. 선진국 중 가장 높은 비율입니다. 현 일본 총리인 아베 신조(安倍晋三) 집안은 일본에서도 손꼽히는 정치 명문가(名文家)입니다. 아베의 두 할아버지도 정치인이었습니다. 친할아버지 아베 간(安倍寛)은 일본 중의원이었습니다. 그는 전쟁 반대, 친서민 정책을 내걸었던 평화주의자였습니다. 외할아버지 기시 노부스케(岸信介)는 2차 대전의 A급 전범이었습니다. 성향이 극과 극인 두 할아버지 중 손자 아베에게 큰 영향을 준 것은 기시 노부스케였습니다. 아베 간은 아베가 태어나기 전에 사망했고, 기시 노부스케는 A급 전범인데도 두 번이나 총리를 역임했습니다. 아베는 입버릇처럼 요시다 쇼인(吉田松陰)을 가장 존경한다고 말합니다. 요시다 쇼인은 19세기 정한론(征韓論 : 일본이 한반도를 점령해야 한다는 주장)을 주장한 사람으로 일본 우익의 원조입니다.

고 불렀습니다. 그들에게 분단된 한반도는 칼자루가 부러진 단도였습니다. 그들은 한국이 계속 분단된 상태로 머무르기를 바랍니다. 남북한이 통일되면 국력이 강대해져 그 칼이 자신들의 옆구리를 찌를지 모른다고 항상 경계합니다. 앞에서 말했듯, 1990년대 초 한반도에 통일의 분위기가 조성되었을 때 통일 비용을 가장 먼저 계산해서 퍼뜨린 나라가 일본입니다. 그 자료에서 일본은 "통일은 천문학적 비용이 드는데 현재 남한의 경제 수준으로는 무리다. 통일을 하지 않는 편이 좋다."라는 의견을 제시했고 남한에는 통일에 부정적인 여론이 형성되었습니다.

남북통일로 인한 일본의 이익

일본 우익과 자민당과 달리 한반도 통일을 바라보는 일본 사회의 분위기는 나쁘지 않습니다. 역사 문제와 독도를 둘러싼 영토 분쟁에도, 일본과 남한은 정치, 경제, 문화에서 협력 관계를 유지하고 있습니다. 일본이 가장 두려워하고 민감하게 반응하는 것은 북한의 핵입니다. 일본에는 북한의 도발과 중국의 세력을 견제하기 위한 미군 기지가 있습니다. 주둔 비용으로 일본 정부는 1년에 6조 원 이상을 지출하고 있습니다. 비용도 비용이지만 주둔지 부근에서 미군들이 자행하는 범죄와 군사 훈련으로 발생하는 소음 때문에 지역 주민과 미군 사이의 갈등이 팽팽합니다. 한국이 평화적으로 통일하고 한반도에 비핵화가 실현된다면 그동안 일본인의 가슴을 졸이게 만들었던 안보 위협은 사라지고 방위비 지출과 미군 주둔 비용을 동시에 절약할 수 있습니다.

통일은 일본 경제에도 긍정적 요인으로 작용합니다. 풍부한 지하자원과 높은 기술력, 많은 인구를 가진 한국은 일본으로서도 매력적인 시장입니다. 통일은 일본이 대륙과 연결되는 기회를 제공합니다. 그동안 북한 때문에 중국과 러시아로 이어지는 육로가 막혀 있었지만, 통일되면 한반도를 이용해 대륙과 이어지는 활로를 개척할 수 있습니다. 이를 위해 일본은 한국과 일본을 잇는 한일 해저 터널을 추진 중입니다.

러시아와 북한의 관계 변화

30년 전까지 러시아(당시에는 소련)는 남한인에게 우호적인 국가가 아니었습니다. **신탁 통치**를 주장해 한반도 분단의 원인을 제공한 데다 북한을 지원해 한국 전쟁을 일으킨 배후였습니다. 1980년대, 소련은 개혁과 개방을 선언하면서 미국을 비롯한 서구 진영과 손을 잡았고 남한과도 수교를 맺었습니다. 경제난으로 허덕이던 러시아는 경제 개발에 성공한 남한에 친근한 태도를 보였고 북한은 충격에 빠졌습니다.

"소련이 변심했구나!"

이때부터 북한과 소련의 관계는 멀어졌습니다. 소련의 자리를 채운 것이 지금의 중국입니다. 오늘날 러시아와 북한의 교역 수준은 북한과 중국의 60분의 1에 불과합니다.

러시아와 한반도 통일

러시아는 중국과 일본보다 한반도 통일에 우호적입니다. 현재 러시아는 경제 상황이 썩 좋지 않습니다. 한반도 통일을 기대하는 것도 경제적인 목적 때문입니다. 러시아는 현재 극동 지역을 개발해 복합 물류 네트워크 중심지로 육성할 계획을 세우고 있습니다. 문제는 비용입니다. 극동 개발에는 엄청난 비용이 필요한데 러시아 정부는 필요한 금액의 4분의 1만 충당합니다. 나머지는 외국에서 끌어와야 하는데 러시아는 남한을 비롯하여 중국과 일본이 극동 지역에 공동으로 투자해주기를 기대하고 있습니다. 더불어 러시아는

▌ 러시아 제3~4, 6~7대 대통령 블라디미르 푸틴.

한반도에 가스관을 연결해 천연가스를 팔고 싶어 합니다. 하지만 러시아 또한 한반도의 통일을 위해서는 북한의 비핵화가 전제되어야 한다고 주장합니다. 동북아시아의 안보가 염려스러운 것은 러시아라고 다르지 않습니다.

남북통일에 우호적인 미국

미국은 주변 4개국 중 한반도 통일에 가장 우호적인 국가입니다. 33대 대통령 트루먼(재임 기간 1945~1953년) 행정부 이후 미국은 일관되게 남한에 의한 통일을 지지했고 이 원칙은 한 번도 바뀌거나 흔들린 적이 없습니다. 그런 미국에 대한 남한의 신뢰도 큽니다. 핵 문제를 해결하고 한반도에 평화적으로 통일이 이루어지면 미국으로서는 그동안 두통거리였던 북한 문제가 해결됩니다. 통일 뒤에 남한이 북한을 지원하고 개발하는 과정에서 건축, 농업, 에

▮ 미국 제45대 대통령 도널드 트럼프.

너지 등 여러 분야에 미국 기업들도 다수 참여할 기회를 얻을 것입니다.

다만, 미국이 남한을 예뻐해서 한반도 통일을 지지하는 것은 아니라는 사실도 유념해야 합니다. 국제 사회는 이익에 따라 움직이는 냉정한 세계입니다. 미국은 중국과 러시아를 견제할 수 있는 전략적 요충지로서의 한반도를 중시합니다. 미국은 동아시아에서 배타적인 주도권을 행사하기를 원하고 한국이 지금처럼 미국의 우방국으로 남아주기를 원합니다. 한반도가 통일된 뒤에도 미국은 여전히 한반도에 미군을 주둔시킬 가능성이 큽니다. 만약 남한이 통일을 추진하는 과정에서 친중 노선을 취한다면 미국은 남북통일에 제동을 걸 수도 있습니다.

사례탐구 요코타 메구미(横田めぐみ)

요코타 메구미는 1977년 11월 15일 학교에서 돌아오지 않았습니다. 메구미는 13살의 중학생 소녀였습니다. 메구미가 살던 니가타현의 경찰은 수색했지만, 그녀의 흔적을 찾지 못했습니다. 경찰은 단순 실종으로 처리했습니다.

안명진은 **대남 공작** 특수 요원이었습니다. 1997년 그는 비무장 지대(DMZ)에서 대남 침투 특수 훈련 중에 휴전선을 넘어 귀순했습니다. 그는 언론과의 인터뷰에서 놀라운 발언을 했습니다.

"요코타 메구미를 보았다."

메구미가 실종된 지 꼭 20년이 되는 해였습니다. 20년 전 그날, 메구미는 배드민턴부 연습을 마치고 귀가하던 중 괴한에게 납치되어 해안가로 끌려갔습니다. 해안에는 북한으로 가는 배가 기다리고 있었습니다. 40시간 후, 북한에 도착했을 때 메구미의 손은 피로 물들어 있었습니다. 메구미는 가는 내내 울부짖고 선실 벽을 손으로 마구 긁었습니다.

당시 북한은 남한에 보낼 간첩을 양성하고 있었습니다. 신분을 위장하려면 용모가 비슷한 일본인이 유리했습니다. 북한은 간첩들에게 일본어를 가르칠 사람을 찾고 있었습니다. 가능하면 일본인, 그것도 어린 소녀들로.

메구미도 간첩들에게 일본어를 가르쳤습니다. 집에 가고 싶다고 호소하는 메구미에게 북한은 한국어를 다 배우면 돌려보내 주겠다고 약속했지만, 그 말은 지켜지지 않았습니다. 메구미는 신경 쇠약에 걸려 병원에 두 번 입원했고 자살까지 시도했습니다. 스물두 살이 되던 해 그녀는 북한 남성과 결혼했고 딸을 낳았습니다.

메구미의 존재가 세상에 알려지자 일본 정부는 북한에 항의했습니다. 북한은 메구미가 1993년에 자살했다고 발표했습니다. 그리고 납북 사실을 인정하고 사과하면서 지금까지 13명의 일본인을 납북했는데 8명은 사망했고

5명은 일본으로 송환했다고 발표했습니다. 일본 정부는 17명이라고 주장했습니다.

2008년, 메구미를 다룬 다큐멘터리 영화 〈납치 : 요코타 메구미 이야기〉가 미국에서 방영되었습니다. 메구미의 가족은 그녀가 죽었다는 북한의 발표를 지금도 믿지 않습니다. 지금도 어딘가에 살아 있을 거라고 굳게 믿고 있습니다. 메구미 사건은 일본 사회에 큰 상처를 남겼습니다. 1억 2천만 명의 일본인에게 그녀는 납북된 일본인을 상징하는 존재가 되었습니다. 일본 정부는 한반도가 통일되면 정식으로 납북 일본인 문제를 제기할 것이라는 견해를 밝히고 있습니다.

사례탐구 또 하나의 분단국가, 키프로스

흔히 우리나라를 지구상의 유일한 분단국가라고 말하지만 그렇지 않습니다. 그리스 동쪽과 터키 남쪽 사이에 있는 작은 섬나라 키프로스는 유럽 유일의 분단국가입니다. 경기도 크기의 면적에 수원시 인구를 가진 이 섬나라에는 두 개의 나라가 있습니다. 북부의 북키프로스 터키 공화국, 남부의 남부 키프로스 공화국. 국가도 둘, 대통령도 두 명입니다. 양국의 국경선에는 유엔군이 주둔 중입니다.

키프로스는 고단한 역사를 갖고 있습니다. 동지중해에 있는 전략적 중요성 때문에 이 섬나라를 기원전부터 근대에 이르기까지 세계 강대국들이 번갈아 가면서 지배했습니다. 그리스, 페니키아, 아시리아, 이집트, 페르시아 등등. 마지막 지배자는 영국이었습니다. 주인이 수시로 바뀌다 보니 키프로스 국민의 인종 구성도 복잡해졌습니다. 현재 키프로스 주민은 그리스계와 터

| 키프로스.

키계로 양분되어 있습니다.

1960년 키프로스는 독립했지만, 내분이 일어났습니다. 그리스계 주민들은 그리스에 통합하기를 원했고 터키계 주민들은 반발했습니다. 터키와 그리스는 원수지간입니다. 특히 400년간 터키의 지배를 받은 그리스인들은 터키를 혐오했습니다.

그리스계 주민들이 그리스와의 병합을 추진하자, 터키는 1974년 군대를 파견했습니다. 터키를 지지하는 주민들은 환호했고 그들은 북부 지역 독립을 선언해 북키프로스 터키 공화국을 이루었습니다. 이름에서 알 수 있듯, 북키프로스 터키 공화국은 터키의 입김에 움직이는 **괴뢰국**입니다. 지금도 국제 사회는 터키가 이 지역을 점령했다는 이유로 이곳을 국가로 인정하지 않습니다. 국제 연합(UN)은 키프로스의 내전을 막기 위해 완충 지대를 설치하고 유엔군을 주둔시켰습니다. 이후, 두 나라는 통일을 추진하기 위해 여러 차례 회담을 벌이고 있지만 뚜렷한 진전은 보이지 않고 있습니다.

간추려 보기

- 주변국 모두 한반도 통일의 전제로 한반도 비핵화를 원하고 있다.
- 중국은 북한의 후견인을 자처하는 국가로 북한을 두둔하고 있다.
- 일본 우익은 한반도 통일에 부정적인 태도를 보이고 있다.
- 러시아는 경제적 이유, 미국은 전략적 이유로 남북통일에 우호적이다.

용어 설명

광물 자원 땅속에 매장되어 있으면서 인간이 채취해서 쓸 수 있는 광물로 지하자원이라고도 한다.

괴뢰국 자주성과 주체성 없이 다른 나라의 지령을 받아, 그 나라가 조종하는 대로 움직이는 정권.

군사 분계선 두 교전국 사이에 휴전이 제의되었을 경우 그어지는 군사 행동의 경계선.

남북협력기금 남북한 교류와 협력 사업에 필요한 재원 마련을 위해 설치된 기금.

대남 공작 북한에서 남한을 대상으로 비밀리에 행하는 모든 활동. 간첩 남파, 동조 세력 포섭, 정보 수집, 심리전, 군사 정찰, 납치, 테러와 국내 반정부 세력 지원 등 다양한 형태의 활동을 포함한다.

망명 정치적 탄압이나 종교적, 민족적 압박을 피하고자 외국에 도피를 요청하는 행위.

부속 도서 그 나라의 주변에 딸린 섬.

비무장 지대 국제 조약이나 협약 때문에 무장이 금지된 지역 또는 지대.

사회 복지 사회구성원의 일정한 생활 수준 및 보건 상태를 확보하기 위한 사회 정책 및 제도의 조직적인 체계.

사회주의 생산 수단의 사회적 소유 및 관리를 주장하는 사상이나 제도. 개인주의 및 자본주의에 대비되는 개념.

신용 등급 개인에 관한 각종 신용 정보를 종합하여 신용도를 숫자로 나타낸 것.

신탁 통치 특정 국가가 일정 지역을 대신 통치하는 제도.

실향민 고향을 떠난 뒤 외적 조건으로 인하여 고향으로 돌아갈 길이 막힌 사람.

액화 천연가스 천연가스를 정제해서 얻은 메테인을 주성분으로 하는 가스를 냉각시켜 액화한 것.

영공 나라의 주권이 미치는 하늘의 범위.

영세 중립국 다른 나라에 대해 전쟁을 일으키지 않을 뿐만 아니라 다른 나라 간의 전쟁에 대해서도 중립을 지킬 의무를 진 국가.

우익 일반적으로 정치 및 사회 문제에 관해 변화보다는 안정, 분배와 복지보다는 성장과 경쟁, 평등보다는 자유를 강조하는 경향을 지닌 정치사상이나 정치 세력.

인프라 사회적 생산 기반을 뜻하는 인프라스트럭처(infrastructure)의 줄임말로 경제 활동의 기반을 형성하는 시설 등을 의미.

자본주의 사유 재산 제도에 기초하여 모든 경제 주체들이 시장 가격에 따라 자율적으로 선택하는 가운데 기본적인 경제 문제가 해결되는 경제 체제.

전범 전쟁 범죄인 혹은 전쟁 중에 제네바 협약 또는 전투 법규를 위반한 자. 넓은 뜻으로는 평화에 관한 죄와 인도에 관한 죄를 범한 자까지 포함됨.

정경 유착 원래 정치와 경제가 긴밀한 연관 관계를 맺고 있다는 의미이지만, 우리 사회에서는 경제계와 정치권이 부정을 고리로 연결된 경우를 일컫는 말로 주로 사용된다.

토지 대장 토지의 소재 · 지번 · 지목 · 면적, 소유자의 주소 · 주민등록번호 · 성명 또는 명칭 등을 등록하여 토지의 상황을 명확하게 하는 장부.

핵 확산 금지 조약 비핵보유국이 새로 핵무기를 보유하는 것과 보유국이 비보유국에 대하여 핵무기를 넘겨주는 것을 동시에 금지하는 조약.

연표

1945년	미국과 소련이 북위 38도를 경계로 각각 한반도의 남쪽과 북쪽에 주둔했다.
1948년	한반도에서 남한과 북한에 각각 정부가 수립되었다.
1949년	서독에는 독일연방공화국이 출범하고 동독에는 독일민주공화국이 수립되어, 독일이 분단되었다.
1950년	한국 전쟁이 발발했다.
1953년	한국 전쟁 휴전 협정이 체결되었다.
1955년	오스트리아에 주둔한 4개국 점령군이 모두 철수하면서 오스트리아가 통일되었다.
1971년	판문점에서 남북 적십자 제1차 예비회담이 열렸다.
1972년	7·4 남북 공동 성명이 발표되었다.

1976년	판문점 공동경비구역에서 도끼 만행 사건이 발생하여 이후 MDL(군사 분계선)이 설치되었다. 베트남사회주의공화국이 성립되었다.
1983년	북한 공작원이 미얀마 아웅 산 묘소를 폭파하는 사건과 소련이 남한 항공기(KAL)를 격추하는 사건이 발생했다.
1985년	남북한이 이산가족 고향방문단과 예술 공연단을 상호 교환하는 사업을 했다.
1989년	독일의 베를린 장벽이 붕괴했다.
1990년	독일이 통일되었다.
1991년	남북 사이의 화해와 불가침 및 교류 협력에 관한 합의서가 체결되었다.
1998년	정주영 현대그룹 명예회장이 소 떼를 끌고 판문점을 넘어 방북했다. 이후 금강산 관광 사업이 개시되었다.
2000년	베를린 선언이 발표되었다. 김대중 대통령이 평양을 방문해 정상 회담을 시행했다. 6·15 남북 공동 선언이 발표되었다.
2001년	제6차 남북 장관급 회담이 열렸다.

2003년	경의선 연결식을 가졌다.
2006년	북한이 1차 핵실험을 했다.
2007년	노무현 대통령이 방북하여 두 번째 정상 회담이 열렸다.
2008년	금강산으로 관광을 갔던 민간인 박왕자 씨가 북한 경계병의 발포로 사망했다. 이 사건을 계기로 금강산 관광이 중단되었다.
2010년	천안함 사건이 발생했다. 남한 정부는 5·24 조치로 대응했다.
2016년	개성공단의 가동이 중단되었다.
2018년	문재인 대통령과 김정은 국무위원장이 9월 현재 3차례의 정상회담을 열어 한반도 평화를 이루고자 노력하고 있다.

더 알아보기

IAEA(국제 원자력 기구)

원자력의 평화적 이용을 위한 연구와 국제적인 공동 관리를 위하여 설립된 국제기
구다. 국제 연합 총회 아래 설치된 준독립 기구로서 원자력 발전의 경제성과 안전
성을 높이기 위한 국제 협력을 목적으로 1957년 설립되었다. 오스트리아 빈에 본
부가 있다.

평화유지군

국제 연합(UN) 안전 보장 이사회 산하의 군대다. 국제 연합에 속한 각 나라가 파견
한 부대로 구성되며 안전 보장 이사회의 결정에 따라 분쟁 지역에 파견돼 평화 유지
를 위한 활동을 주로 한다. 푸른 안전모를 쓰고 활동하므로 '블루 헬멧'이라는 별칭
으로 불리기도 한다. 남한에서는 PKO라는 이름으로 많이 알려져 있는데 PKO는
평화유지군이 수행하는 평화유지 활동(Peace Keeping Operation)을 뜻하며 이 활동을
하는 부대가 바로 평화유지군이다.

통일부

통일부는 4·19 이후 사회 각계에서 본격적으로 제기된 다양한 통일 논의를 정부 차원에서 수렴하여, 체계적이고 제도화된 통일 정책을 수립하기 위해 설립된 중앙 행정 기관이다. 통일 정책 수립, 남북 대화·교류·협력·인도 지원에 관한 정책의 수립, 통일 교육, 탈북자 정착 지원, 그 밖에 통일에 관한 사무를 관장한다.

6자 회담

남한·북한·미국·일본·중국·러시아 등 6개국이 모여 북한 핵 문제를 평화적으로 해결하기 위한 다자 회담을 말한다. 2002년 10월 제임스 켈리 미국 특사의 방북을 계기로 우라늄농축프로그램 문제가 불거지고 북한이 2003년 1월 핵 확산 금지 조약(NPT) 탈퇴를 선언하여 북한 핵 문제가 대두했다. 이후 6자 회담은 한반도를 둘러싼 당사국들이 대화를 통해서 이 문제를 원만하게 해결하기 위하여 개최되고 있다. 2003년 8월 중국 베이징에서 제1차 회담이 시작되었다. 2003년부터 시작된 6자 회담은 2018년 기준으로 6번 열렸다.

헌법

전문(前文)

유구한 역사와 전통에 빛나는 우리 대한국민은 3·1운동으로 건립된 대한민국임시
정부의 법통과 불의에 항거한 4·19 민주이념을 계승하고, 조국의 민주개혁과 평화
적 통일의 사명에 입각하여 정의·인도와 동포애로써 민족의 단결을 공고히 하고…
(후략)

1장 제3조

대한민국의 영토는 한반도와 그 부속 도서로 한다.

1장 제4조

대한민국은 통일을 지향하며, 자유민주주의적 기본 질서에 입각한 평화적 통일 정책
을 수립하고 이를 추진한다.

제66조

③ 대통령은 조국의 평화적 통일을 위한 성실한 의무를 진다.

제69조

대통령은 취임에 즈음하여 다음의 선서를 한다. "나는 헌법을 준수하고 국가를 보위
하며 조국의 평화적 통일과 국민의 자유와 복리의 증진 및 민족 문화의 창달에 노력
하여 대통령으로서의 직책을 성실히 수행할 것을 국민 앞에 엄숙히 선서합니다."

관련 법률

핵 확산 금지 조약(NPT) 제6조

핵무기를 보유한 체결국은 조속한 시일 내에 핵무기 경쟁 중지 및 핵 군비 축소를 위한 교섭을 성실하게 추진해야 한다.

판문점 선언

(전략) 양 정상은 한반도에 더 이상 전쟁은 없을 것이며 새로운 평화의 시대가 열리었음을 8천만 우리 겨레와 전 세계에 엄숙히 천명하였다. 양 정상은 냉전의 산물인 오랜 분단과 대결을 하루빨리 종식시키고 민족적 화해와 평화 번영의 새로운 시대를 과감하게 열어나가며 남북 관계를 보다 적극적으로 개선하고 발전시켜 나가야 한다는 확고한 의지를 담아 역사의 땅 판문점에서 다음과 같이 선언하였다. (후략)

참고 자료

도서

《독일통일 바로알기》 평화문제연구소, 2010

《선생님, 통일이 뭐예요?》 정경호, 살림터, 2013

《법은 얼마나 정의로운가》 폴커 키츠, 한스미디어, 2017

《12개 주제로 생각하는 통일과 평화 그리고 북한》 진희관 외 6인, 박영사, 2018

논문 및 보고서

〈주제가 있는 통일강좌 7, 남북한의 역사인식 비교〉 통일부, 2005

〈주제가 있는 통일강좌 24, 독일통일 20년 : 현황과 교훈〉 손기웅, 통일부, 2010

〈주제가 있는 통일강좌 27, 통일 비용보다 더 큰 통일 편익〉 조동호, 통일부, 2011

〈주제가 있는 통일강좌 28, 통일 필요성의 재인식〉 고성준, 통일부, 2011

〈한반도 통일에 대한 중국의 입장〉 이태환, 세종연구소, 2011

〈현안 리포트 : 북한 자원 잠재적 가치 높다〉 이해정, 통일연구원, 2011

〈남북러 가스관의 경제적 효과에 관한 연구 : 한국의 경우〉

윤성학, 서울대학교 러시아연구소·러시아센터, 2012

〈한국전쟁, 분단이 한국전쟁에 미친 영향 : 구조화된 예외상태하의 자유 민주 복지〉

김동춘, 아산정책연구원, 2014

〈통일한국의 사회갈등 예측 및 해결방안 연구〉 연세대학교 산학협력단, 2014

찾아보기

내인생의책은 한 권의 책을 만들 때마다
우리 아이들이 나중에 자라 이 책이 '내 인생의 책'이라고 말할 수 있는 책을 만들고자 합니다.

세상에 대하여 우리가 더 잘 알아야 할 교양

63 통일 비용 부담일까, 투자일까?

김성호 지음

초판 인쇄일 2018년 9월 28일 | 초판 발행일 2018년 10월 15일
펴낸이 조기룡 | 펴낸곳 내인생의책 | 등록번호 제10-2315호
주소 서울시 서초구 나루터로 60 정원빌딩 A동 4층
전화 (02) 335-0449, 335-0445(편집) | 팩스 (02) 6499-1165

ISBN 979-11-5723-423-3 (44300)
    979-11-5723-416-5 (세트)

책값은 뒤표지에 있습니다. 잘못된 책은 구입처에서 바꾸어 드립니다.

이 도서의 국립중앙도서관 출판시도서목록(CIP)은 e-CIP 홈페이지(http://www.nl.go.kr/ecip)에서 이용하실 수 있습니다.
(CIP제어번호:2018030656)

내인생의책에서는 참신한 발상, 따뜻한 시선을 가진 원고를 기다리고 있습니다. 원고는 내인생의책
전자우편이나 홈카페를 이용해 보내 주세요. 여러분의 소중한 경험과 지식을 나누세요.

전자우편 bookinmylife@naver.com | **홈카페** http://cafe.naver.com/thebookinmylife

어린이제품 안전 특별법에 의한 제품 표시
제조자명 내인생의책 | **제조 연월** 2018년 10월 | **제조국** 대한민국 | **사용연령** 5세 이상 어린이 제품
주소 및 연락처 서울시 서초구 나루터로 60 정원빌딩 A동 4층 (02) 335-0449 | **담당 편집자** 백재운

세더잘 62

아파트 최선의 주거 양식일까?

남궁담 지음

우리는 왜 다들 아파트에 살고 싶어 할까?
아파트란 한국사회에 대체 어떤 의미일까?
수천 년을 거슬러 올라가는 아파트와 공동주택의 역사.
그리고 주택을 둘러싼 인류의 경제와 사회, 문화의 맥을 짚는다!

우리가 아파트에 사는 이유는 무엇일까요?
아파트는 표준적이고 합리적인 주거 양식이라고 하지만, 정말 최고의 집일까요?
우리의 삶의 지배적인 주거 양식인 아파트의 역사와 이면을 들여다봅니다.

세더잘 61

돈의 전쟁 기축통화가 되기 위한 돈의 암투

송종운 지음

기축통화의 자리를 놓고 벌이는 총성 없는 전쟁.
누가 전 세계적으로 통용되는 기축통화로 부상할 것인가.
경제 패권을 차지하기 위한 세계 각국의 치열한 투쟁은 이미 시작되었다.

돈의 전쟁은 자국의 화폐를 전 세계적으로 통용되는 기축통화로 만들기 위한 싸움입니다. 왜 많은 선진국들은 자신의 화폐를 기축통화의 지위에 올리려 할까요?

세더잘 60

올림픽과 월드컵 개최해야 하나?

양서윤 지음

올림픽과 월드컵은 부작용이 있지만, 세계 평화의 유지와 인류애에 공헌하고 있으므로 계속 개최되어야 한다.
Vs. 올림픽과 월드컵은 세계 평화와 같은 대의 명분은커녕 상업주의에 물들어 굳이 개최할 필요가 없다.

평창 올림픽 조직위원회는 동계올림픽 직후 가리왕산 스키장의 원상 복구를 약속했습니다. 하지만 환경 복원을 위해 노력한다 해도 한번 파괴된 환경을 되살리기란 매우 어렵습니다.

세더잘 59

윤리적 소비 윤리적 소비와 합리적 소비, 우리의 선택은?

위문숙 지음

윤리적 소비는 노동자를 착취하고 환경을 파괴하며 동물을 학대하는 기업이나 단체에 대해 경종을 울리는 것이다.
Vs. 윤리적 소비를 하느니 저렴한 상품을 사고 절약한 돈으로 자선단체에 기부하는 편이 낫다.

수많은 기업들이 돈을 벌기 위해서 인간을 착취하고 동물을 학대하고 환경을 파괴하고 생명을 하찮게 여깁니다. 윤리적 소비는 그런 기업에게 경종을 울리는 행동입니다.

세더잘 58
스크린 독과점 축복인가? 독인가?
한기중 지음

천만 관객 영화는 한국 영화의 발전을 보여 주는 가장 강력한 증표다.
Vs. 천만 관객 영화 때문에 저예산 작가주의 영화가 희생당한다.

최근 들어 인터넷과 신문, 방송에서는 '천만 관객 영화 시대'가 찾아왔다며 반가워하는 사람들이 있습니다. 이와 반대로, 한국형 블록버스터 영화가 저예산으로 만들어진 대다수의 한국 영화에 막대한 피해를 입히고 있는 현실을 고발하는 이들도 있습니다. 과연 누구의 주장이 더 설득력 있게 다가오나요? 그리고 천만 관객 영화는 언제까지 관람객들의 선택권을 제한해도 될까요? 앞으로도 배급과 극장을 같이 장악한 대기업 배급사의 수직적 계열화가 세계 최고의 할리우드 영화의 공세에 맞서 한국 영화 시장을 지켜낼 수 있을까요?

세더잘 57
시리아 전쟁 21세기 지구촌의 최대 유혈분쟁
김재명 지음

시리아의 군사 충돌은 내전인가, 국제전인가?
전쟁이 왜 이리 오래 끄는가? 국제사회는 뭐 하는가?
독재자가 화학무기를 즐겨 사용하는 까닭은?
우리가 막연히 뉴스로만 접했던 시리아 전쟁의 진실.

21세기 최대의 화약고, 중동 시리아의 유혈 충돌! 언론에서 말하지 않은 시리아 전쟁의 이면을 들여다보며, 우리 인류가 전쟁을 멈추고 평화로 나아가는 길을 함께 찾아봅시다.

세더잘 56
소년법 폐지해야 할까?
김성호 지음

소년 범죄가 갈수록 흉악해지고 있기 때문에 엄벌에 처해야 한다.
Vs. 아직은 어리므로 건전한 환경을 제공하고, 보호하고 교육해야 한다.

《소년법, 폐지해야 할까?》는 소년 범죄가 사회적으로 큰 문제로 부각됨에 따라, 과연 현행 소년법과 소년원 제도가 시대에 맞는지 논의해 보고자 기획되었습니다. 소년 범죄와 관련해 논란이 되고 있는 것은 처벌 연령 규정과 소년원 제도의 실효성입니다. 소년 범죄를 예방하고, 범죄 청소년의 재범을 막고, 궁극적으로 청소년들이 사회 구성원으로 잘 성장하게 하기 위해 우리는 무엇을 택해야 할까요?

세더잘 55
인공지능(AI) 우리의 친구가 될 수 있을까?
정윤선 지음

인공지능이 많은 일을 대신해 주면, 우리 삶은 보다 풍요로워질 것이다.
Vs. 인공지능이 일자리를 빼앗아 가고, 통제가 안 되면 대재앙이 될 수 있다.

인공지능이 다양한 모습과 기능으로 우리 곁으로 다가오고 있습니다. 이동형 인공지능 스피커가 음악을 들려주고 날씨를 알려주고 정보를 찾아 줍니다. 자동차는 스스로 목적지까지 나를 데려다 주고요. 그런데 인공지능은 우리 생활을 마냥 편리하고 편안하게만 해 줄까요? 인공지능과 함께할 인류의 미래는 과연 어떨까요?

4차 산업혁명 어떻게 변화되어야 할까?

위문숙 지음

4차 산업혁명은 인류를 더 편리하고 풍요롭게 만들 것이다
Vs. 4차 산업혁명은 빈부 격차와 계층 갈등을 심화시킬 것이다.

4차 산업혁명의 바람은 기존의 어떤 변화보다 더 빠르고, 더 넓은 영역에 걸쳐 불고 있습니다. 우리의 일상은 이로 인해 획기적으로 바뀔 것이며 인류는 이전에 결코 상상할 수 없었던 엄청난 편리와 풍요를 누릴 것입니다. 반면 4차 산업혁명의 도래로 인해 빈부 격차와 사회적 불평등이 심해질 것이라는 전망도 있습니다. 과연 인류가 함께 4차 산업혁명의 혜택을 누리려면 어떻게 해야 할까요?

핵전쟁 어떻게 막아야 할까?

국기연 지음

북한의 위협 앞에서 남한도 핵무장을 할 필요가 있다.
Vs. 인류의 평화를 위협하는 핵무기는 반드시 폐기되어야 한다

최근 북한 핵무장 위협 때문에 남한도 핵무장이 필요하다는 주장이 제기되고 있습니다. 북한이 국제 사회의 반대를 무릅쓰며 핵무기를 개발하는 진짜 목적이 무엇인지, 북한의 핵 기술력은 어느 정도인지, 이를 규제하기 위한 노력에 대해 살펴봅니다. 과연 인류는 핵무기의 위협에서 벗어날 수 있을까요?

가짜 뉴스 처벌만으로 해결이 될까?

금준경 지음

날로 큰 피해를 가져오는 가짜 뉴스, 반드시 처벌해야 한다.
Vs. 가짜 뉴스라고 무조건 처벌하면 표현의 자유를 해칠 수도 있다.

인류 역사의 시작부터 존재했다는 가짜 뉴스에는 어떤 것이 있을까요? 누가 만들며 어떤 목적으로 퍼뜨릴까요? 가짜 뉴스를 막기 위해 우리는 어떤 일을 해야 하고 또 하고 있을까요?

동물원 좋은 동물원은 있을까?

전채은 지음

동물원은 동물을 위한 곳이다. 부작용은 받아들여야 한다.
Vs. 현재의 동물원은 인간의 이득을 위한 기관으로 변질되어 있다.

동물이 행복하지 못한데 그들을 바라보는 인간이 온전한 행복을 누릴 수 있을까요? 동물원은 사람만의 공간이 아니다. 동물 종 보전과 동물 복지를 추구하는 기관이기도 하다. 과연 진정한 의미에서 '좋은 동물원'이란 무엇일까?

저소득층에도 삶을 개선할 경제적 기회를 부여하며, 도시가 활성화된다.
Vs. 도시에 대한 권리 침해이며, 지역의 경제 및 문화 생태계를 파괴한다.

젠트리피케이션은 지역 경제를 좀먹고 삶의 질을 해친다고들 한다. 반면 소득 재분배에 긍정적인 효과를 주며 경제 활성화를 유도한다는 주장도 있다. 시대의 변화에 따라 변화를 보는 관점은 다양할 수밖에 없다. 우리는 우리가 사는 도시를 어떻게 바라봐야 할까?

아프리카 원조는 아프리카를 위한 것이다.
Vs. 현재의 원조는 강대국의 배만 불릴 뿐이다.

어려움에 처한 아프리카를 도와야 하는 것은 당연한 일입니다. 하지만 그 방법이 오히려 강대국의 부만 늘려 주고 있다면 어떨까요? 천문학적인 금액이 투입되어도 3,000원의 치료제가 없어 죽어가는 아이들이 생기는 건 어째서일까요?

인플레이션 10% Vs. 세금 10%
어느 쪽이 우리에게 더 유리할까?

돈을 더 찍어서 시중에 푸는 정책과 세금을 더 거두어들이는 정책. 사람들은 당연히 첫 번째 정책을 선택합니다. 하지만 돈을 더 찍어내면 그만큼 물가가 올라 거둘 수 있는 세금 역시 늘어나고 말지요. 그렇다면 세금을 더 거두는 정책이 좋은 정책일까요? 이 책은 양적 완화와 인플레이션을 중심으로 우리가 경제에 관해 알고 있던 상식을 다시 한 번 생각해 보게 합니다.

저작권은 반드시 법으로 보호해야 한다.
Vs. 일정한 요건을 갖춘 경우에는 저작권자의 허락이 없더라도
    저작물을 이용할 수 있도록 해야 한다.

저작권의 역사와 종류, 저작권으로 보호받는 저작물은 어떤 것들인지, 저작권의 자유 이용을 허용하는 CCL, 어떻게 저작권을 이용해야 하는지 인터넷 세대인 아동청소년들이 꼭 알아야 할 저작권에 대한 모든 지식을 알려 줍니다.

세더잘 46

청소년 노동 정당하게 일할 권리 어떻게 찾을까?

홍준희 지음 | 하종강 감수

청소년 보호를 위해 청소년 노동을 제한해야 한다.
Vs. 청소년의 노동 권리를 인정하고 안전하게 일할 수 있는
노동 현장을 제공하는 데 노력해야 한다.

최근 100여 년간 인류의 식량 생산량은 꾸준히 늘어났지만 세계 곳곳에서 기아에 시달리는 사람은 여전히 넘쳐납니다. 이 책에서는 기아의 원인과 현실 그리고 기아 퇴치를 위한 갖가지 방법을 풍부한 사례와 함께 다루고 있습니다.

세더잘 45

플라스틱 오염 재활용이 해답일까?

제오프 나이트 지음 | 한진여 옮김 | 윤순진 감수

친환경 플라스틱과 재활용으로도 충분히 플라스틱 오염을 막을 수 있다.
Vs. 플라스틱 오염의 근본적 대책은 플라스틱 사용을 금지하는 것이다.

플라스틱 탄생의 역사에서부터 플라스틱 생성 원리, 플라스틱 오염을 막기 위한 현실적인 대안들에 이르기까지 플라스틱을 둘러싼 역사적, 과학적, 사회적 주제들을 빠짐없이 다루고 있습니다.

세더잘 44

글로벌 경제 나에게 좋은 걸까?

리처드 스필베리 글 | 한진여 옮김 | 강수돌 감수

글로벌 경제는 인류의 삶에 풍요를 가져왔다.
Vs. 글로벌 경제는 빈부 격차를 확대하고 환경을 파괴할 뿐이다.

글로벌 경제란 국가 간 무역량이 늘어나면서 나라와 나라 사이의 경제 활동이 더 자유로워지고 상호 의존도가 높아지는 경제를 말합니다. 글로벌 경제는 그동안 인류의 삶을 풍요롭게 하는 데 큰 역할을 했지만 한편으로는 환경 파괴나 노동 소외 등의 문제를 불러 일으켰습니다. 과연 글로벌 경제는 나의 삶에 좋은 것일까요?

세더잘 43

제노사이드 집단 학살은 왜 반복될까?

마크 프리드먼 글 | 한진여 옮김 | 홍순권 감수

제노사이드는 정치 권력자의 범죄이므로 이들을 확실하게 처벌하면 재발을 막을 수 있다
Vs. 제노사이드는 국제사회(UN)와 개인들이 힘을 모아야 근절시킬 수 있다

인류 역사에는 한 민족이 다른 민족을 집단으로 학살하는 비극이 지속적으로 발생해 왔습니다. 아르메니아 대학살부터 아우슈비츠 학살까지 역사는 되풀이됩니다. 과연 제노사이드는 어떻게 막을 수 있을까요? 주동자를 처벌하면 될까요? 국제 사회의 노력이 필요할까요?

세더잘 42

다문화 우리는 단일민족일까?

박기현 글 | 변종임 감수

우리는 단일민족이기 때문에 다문화 사회로의 전환이 원칙적으로 어렵다
Vs. 우리는 원래 다문화 사회였기 때문에 행복한 다문화 사회를 만들 수 있다

최근 한국 사회에도 다문화 가정이 많이 늘어나는 추세입니다. 하지만 여전히 다른 인종과 다른 민족에 대한
편견과 차별이 존재하고 있는 것이 현실이지요? 과연 한국은 다문화 사회로의 성공적인 전환이 가능할까요?

세더잘 41

빅데이터 빅브러더가 아닐까?

질리 헌트 글 | 이현정 옮김 | 최진 감수

빅데이터는 새 시대를 열어 줄 신기술이므로 적극적으로 활용할 제도를 구축해야 한다.
Vs. 개인 정보 유출 등의 빅브러더 문제를 막으려면 데이터 활용을 적절히 규제해야 한다.

식품 산업에서부터 스포츠 경기에 이르기까지 빅데이터 기술을 활용한 시장 분석은 인류 생활에 큰 변화를
가져왔지요. 그런데 정보를 수집하는 빅데이터 기술의 특성상 개인 정보의 침해라는 인권 문제도 함께 제기
되고 있어요. 과연 신기술은 어디까지 허용되어야 할까요?

세더잘 40

산업형 농업 식량 문제의 해결책이 될까?

김종덕 글

산업형 농업은 인류의 식량난을 해결한 획기적이고 효율적인 농업 방식이다.
Vs. 환경 오염이 심해지고 우리의 건강이 위협받고 있어 다른 대안을 찾을 때다.

인구 증가가 가속화되면서 인류는 식량 문제에 직면했고, 그 해결책으로 마치 공장에서 찍어내듯 대량으로
농작물을 경작하는 산업형 농업이 등장했습니다. 산업형 농업은 인류의 굶주림을 어느 정도 해결해 주었지
만, 환경오염이라는 다른 문제점을 낳았습니다. 과연 인류는 산업형 농업 외에 다른 대안을 찾아야 할까요?

세더잘 39

기아 왜 멈출 수 없을까?

앤드루 랭글리 글 | 이지민 옮김 | 마이클 마스트란드리 · 김종덕 감수

식량 생산량 증가를 통해 기아 문제를 해결할 수 있다.
Vs. 부패한 정치와 거대 자본에 휘둘리지 않는 공정한 분배를 실현해야 한다.

지금도 세계 도처에서는 8억 명이 넘는 사람들이 하루하루 끼니를 근심하며 살아가고 있습니다. 기아는
인간의 존엄을 뒤흔드는 심각한 문제입니다. 가난과 함께 대물림된다는 점에서 더욱 큰 문제이지요. 우
리가 어느 누구도 굶어 죽는 일 없는 미래를 찾아 낼 수 있을까요? 어떻게 하면 기아가 기아를 부르는 악
순환을 끊을 수 있을까요?

세더잘 38

슈퍼박테리아 과학으로 해결할 수 있을까?

존 디콘실리오 글 | 최가영 옮김 | 송미옥 감수

항생제 사용 제한이 가장 강력한 슈퍼박테리아 퇴치 방안이다.
Vs. 획기적 새 항생제 개발만이 슈퍼박테리아를 퇴치할 수 있다.

인류에게 새로운 공포의 대상으로 떠오르는 슈퍼박테리아는 항생제에 내성이 생겨 쉽사리 죽지 않는 변종 박테리아입니다. 슈퍼박테리아의 위험에서 벗어나기 위해서는 이제부터라도 항생제 사용을 줄여야 한다는 의견부터 슈퍼박테리아를 퇴치할 수 있는 새로운 항생제 개발에 노력을 기울여야 한다는 의견까지 여러 주장이 팽팽히 맞서고 있습니다. 슈퍼박테리아 감염으로부터 우리 자신을 지키는 가장 적절한 해결책은 무엇일까요?

세더잘 37

스포츠 윤리 승리 지상주의의 타개책일까?

로리 하일 글 | 이현정 옮김 | 김도균 감수

스포츠의 궁극적인 목적은 경쟁에서 우위를 점하고 승리를 거두는 것이다.
vs 승리도 중요하지만 스포츠의 본질을 해쳐서는 안 된다.

운동선수 중에는 승리에 대한 집착이 심해진 나머지 규정을 어기면서 편법을 사용하고 심지어 금지 약물까지 복용하는 이들이 있습니다. 지나친 승리 지상주의에 빠진 결과지요. 그렇다면 승리 지상주의에서 벗어나 진정한 스포츠 정신을 지키기 위해 어떻게 해야 할까요? 스포츠 윤리가 그 해답이 될 수 있을까요?

세더잘 36

스포츠 자본 약일까, 독일까?

닉 헌터 글 | 이현정 옮김 | 김도균 감수

스포츠 자본은 스포츠의 발전에 지대한 영향을 끼쳤다.
vs 스포츠 자본은 스포츠를 돈벌이 수단으로 전락시켰다.

스포츠의 발전에는 자본이 필요합니다. 하지만 자본이 스포츠를 돈벌이 수단으로 만들고 말았다는 탄식이 오늘날 이곳저곳에서 터져 나오고 있습니다. 자본의 편중으로 인한 역차별 현상에 대한 우려도 높습니다. 승부조작이나 약물 복용 같은 범법 행위가 문제가 되기도 합니다. 이미 산업화 되어버린 현대 스포츠에서 우리는 스포츠 자본을 어떻게 바라보아야 할까요?

세더잘 35

폭력 범죄 어떻게 봐야 할까?

앨리슨 라쉬르 글 | 이현정 옮김 | 이상현 감수

강력한 법집행이 폭력 범죄를 근절할 수 있다.
vs 폭력 범죄를 해결하는 근본적인 해결책은 무거운 형벌이 아닌 범죄 예방 교육이다.

세계 어디서나 폭력 범죄는 심각한 사회 문제입니다. 그래서 현재 세계 각국에서는 폭력 범죄를 해결하기 위한 다양한 논쟁이 일어납니다. 과연 강력한 법집행이 폭력 범죄를 근절할 수 있는 대안일까요? 아니면 무거운 형벌보다 범죄 예방 교육이 더 필요한 걸까요? 어떤 선택이 우리 삶을 더 안전하게 만들 수 있을까요?